골프 인 더 존 Golf in the Zone

지은이 아드리안 프라이어 & 칼 모리스
옮긴이 이정철
감　수 김재환
펴낸이 양동현
펴낸곳 도서출판 아카데미북
　　　　출판등록 제13-493호
　　　　136-034, 서울 성북구 동소문동4가 124-2
　　　　전화 02-927-2345 팩스 02-927-3199

초판 1쇄 인쇄 2009년 9월 15일
초판 1쇄 발행 2009년 9월 25일

ISBN 978-89-5681-096-6 13690

GOLF IN THE ZONE
Copyright ⓒ Adrian Fryer and Karl Morris, David & Charles Limited, 2007
Source material courtesy of Today's Golfer magazine ⓒ Emap Active.
Photography by Bob Arkins.
Korean Translation Right Arranged with David & Charles Limited., UK
and Academybook Publishing Inc., Korea through PLS agency.

이 책의 한국어판 저작권은 PLS를 통한 저작권자와의 독점계약으로
도서출판 아카데미북에 있습니다. 신저작권법에 의해 보호를 받는 서적이므로
무단으로 전재하거나 복제할 수 없습니다.

www.academy-book.co.kr

골프 인더존

아드리안 프라이어 & 칼 모리스 지음
이정철 옮김 | 김재환 감수

Golf
in the
zone

아카데미북

들어가는 글

골프는 단순한 게임 같다. 타이거 우즈가 티 샷을 하고, 어니 엘스가 벙커에서 탈출하고, 필 미켈슨이 이 모든 것을 힘들이지 않고 쉽게 하는 모습을 볼 때 더욱 그렇게 느껴진다. 그러나 직접 시도해 보면 결코 쉽지 않은 것이 골프다.

우리는 저마다 골프 실력을 향상시킬 수 있다. 우리 중 그 누구도 완벽한 실력을 갖추지 못했다. 우리는 대부분 게임을 좀 더 쉽게 하고 싶어 한다. 즉 매직 샷 magic shot을 찾고 싶어 한다.

그렇다면 챔피언들의 플레이 비밀은 무엇일까? 어떤 사람은 그 비밀이 기술에 있다고 하고, 또 어떤 이는 마음에 있다고 한다. 둘 다 맞는 말이기도 하고 그렇지 않을 수도 있다. 중요한 것은, 좋은 플레이를 위해 반드시 필요한 요소가 있다는 것이다. 정신적 파워를 이용하고 압박감을 이겨낼 수 있는 냉철함을 갖추는 것 또한 중요하다. 이 두 가지는 필연적으로 연결되어 있다.

만약 손에 들려 있는 스코어 카드에 자꾸 신경이 쓰이는 것을 조절할 수가 없다면 기술을 완벽하게 하기 위해 연습장에서 많은 시간을 보내는 것도 별 의미가 없다. 바로 이것이 더 나은 정신적·신체적 기술과 최고의 게임법을 알려 주기 위해 스포츠 심리학자인 칼 모리스 Karl Morris와 티칭 프로인 아드리안 프라이어 Adrian Fryer가 협력한 이유다.

이 책은 크게 두 부분으로 나뉘어 있다. 아드리안 프라이어에 의해 쓰여진 전반부, 즉 게임 존 Game Zone은 골퍼들과 관련된 이슈를 가르쳐 주고 기술적인 문제를 연마하게 하는 내용을 중점적으로 기술하고 있다. 예를 들면 적절한 스윙법, 슬라이스를 극복하는 방법, 비거리를 늘리는 방법, 그린 옆 벙커에서의 플레이 방법, 좀 더 확실한 칩 샷 방법 등이 그것이다.

칼 모리스에 의해 쓰여진 후반부, 즉 마인드 존 Mind Zone은 골퍼들이 쉽게 간과하는 골프의 심리적인 측면을 다룬다. 당신이 골프장에서 멀리 떨어진 곳에 있을 때도 경기를 향상시킬 수 있는 기술이나 기질과 태도가 게임에 미칠 수 있는 영향 등을 설명한다. 세계 최고의 선수들에 의해서 입증된 많은 비결들은 골퍼를 고생시키려는 것이 아니라 골프라는 독특한 게임에서 더 낫게 작용하도록 그것을 다루는 기술을 보여 주는 것이다.

골프를 더 재밌게 즐기기 위해, 또 오랫동안 당신을 괴롭혀 온 나쁜 습관을 없애기 위해, 그리고 새로운 샷과 기술을 배우기 위해 이 책을 이용하기를 바란다.

자신의 게임을 이해하라. 그러면 한 차원 높은 마음 수준과 더 나은 점수가 따라올 것이다. 이 책을 읽는다면 골프가 단순한 게임처럼 느껴질 것이다.

— 칼 모리스

차례

들어가는 글 4

게임 존 Game Zone

궤도에 맞춰 단순하게 스윙하라 10
훌륭한 스윙에 필요한 동작은 작게 그리고 크게! 16
팔꿈치를 기준점으로 사용하라 24
피니시에서 배워라 32
슬라이스를 극복하라 42
파워를 내기 위한 6단계 52
경사에 맞게 셋업하라 60
균형 잡기 힘든 상황에서 스윙하는 법 64
비거리를 제어하는 4가지 상황 68
좋은 점수를 내기 위한 숏 게임 78
벙커의 악몽에서 깨어나라 84
골프에 대한 잘못된 믿음을 타파하라 94

마인드 존 Mind Zone

집에서 연습하라 104

라운드 전에 출발하라 110

심리적 상태의 조절 능력을 키워라 116

게임을 변화시키는 스코어 카드를 멈춰라 122

초점을 이동시켜 셋업에 대한 긴장을 풀어라 128

자신의 성격을 알고 이용하라 132

현재에 머물러라 142

퍼팅 감각을 유지하기 위해 루틴을 활용하라 150

당신은 행운아가 될 수 있다 154

감정을 조절하라 160

모방하라 168

마음속 미신들 174

지은이 소개 180

게임 존 Game Zone

셋업, 얼라이먼트, 백스윙, 팔로스루 등은 모든 골퍼에게 있어 매우 중요한 부분이다. 그러나 골퍼들이 이들 기술을 연마하는 데 모든 힘을 쏟는다 해도 그것은 쉬운 일이 아니다. 아니, 오히려 혼란을 가중시킬 수 있다. 만약 당신이 절망적인 경험을 한 적이 있다면 주목하라. 아드리안 프라이어 Adrian Fryer는 복잡한 것을 빠른 시간에 단순하고 쉽게 만드는 동시에 스포츠가 가진 복잡한 미스터리를 해결할 수 있는 전문적인 방법을 제공하고 있다. 이를 통해 당신은 프로 선수처럼 당신의 게임을 변화시킬 수 있는 방법을 얻게 될 것이다.

궤도에 맞춰 단순하게 스윙하라

대부분의 아마추어들은 볼을 아웃 인out-in 궤도로 치곤 하는데 이것은 슬라이스를 초래한다. 실제로 타깃 라인과 평행이 아닌 형태의 궤도의 스윙은 어느 것이든 사이드 스핀이 걸리게 되어 비거리의 손실을 초래한다. 어드레스에서 클럽 페이스와 스탠스가 완벽하게 타깃과 일직선으로 정렬이 되도록 집중해도 스윙의 궤도를 아웃 인으로 하는 경우가 많이 발생할 수 있다. 대부분의 골퍼들이 필요 이상으로 복잡하게 생각하며 만들려다가 스윙 면을 벗어나서(비정상적인 스윙 궤도 off line) 스윙해 버린다. 여기서는 여러분의 스윙뿐만 아니라, 아마추어들이 두려워하는 '스윙 플레인(스윙 면, 스윙 궤도)'을 쉽게 이해할 수 있는 방법을 알려 줄 것이다. 여러분은 불필요한 동작을 많이 줄이는 방법을 배우게 될 것이며, 그로 인해 항상 궤도에 맞게 일관되게 스윙하는 법도 배우게 될 것이다.

데이비스 톰스David Toms의 스윙
그의 우아한 플레이를 보게 될 기회가 생긴다면 하프 스윙할 때 그의 왼팔을 주목하라. 당신은 완벽한 스윙 플레인과 훌륭한 자세를 보게 될 것이다.

왼팔 체크 포인트

점검 사항 1 : 정상적인 스윙 플레인에서 스윙이 되는지 점검할 수 있는 좋은 방법은 왼팔에 집중하는 것이다.

① 클럽을 발 앞에 둠으로써 타깃 라인을 표시하고 셋업한다.

② 그런 다음 하프 스윙(1/2스윙)을 하는데,

③ 이때 왼팔이 지면과 평행이 되게 한다. 그 결과 백스윙 궤도 위에 있을 때 왼팔은 지면에 놓인 샤프트와의 평행에서 약간 안쪽에 둬야 한다.

점검 사항 2 : 왼팔이 지면의 샤프트와 교차하고 있다면 평평한 자세로 클럽을 위치시켰을 것이고, 샤프트는 어드레스 때보다 더 수평한 플랫 스윙을 이루게 될 것이다. 이런 일은 스윙 폭을 지나치게 크게 하기 때문에 일어난다.

점검 사항 3 : 왼팔의 위치가 클럽 샤프트보다 안쪽에 있다면, 샤프트가 어드레스 때보다 더 수직을 이루는 업 라이트 자세로 클럽이 놓여 있었을 것이다. 백스윙에서 지나치게 타깃 라인 안쪽으로 클럽을 가져가려고 애쓴 결과다.

백스윙 궤도에서
만들고자 하는 각도에 맞춰 클럽을 스윙하라

스윙플레인

일반적인 실수 1 :
너무 수평인 경우 - 과도하게 평평한 스윙

많은 골퍼들은 백스윙을 하는 동안 클럽 헤드를 '안' 쪽으로 당겨야(스윙해야) 한다고 생각하는 경향이 많다. 이런 생각은 백스윙을 하는 동안 너무 평평한 자세로 손목이 클럽을 롤링하게 만들고 클럽 샤프트는 셋업할 때보다 더 수평이 된다. 이런 궤도는 다운스윙 시 인 아웃을 위해 불필요한 손목과 팔의 조정이 불가피할 것이다. 이것은 백스윙보다는 옆으로 돌려치게 되는 '인 스윙'에 더 가깝다. 비거리 손실과 불필요한 사이드 스핀이 첨가되었다는 의미다.

6번과 7번 아이언을 잡아라

왼손에 6번 아이언을 잡고 솔을 지면에 대고 셋업하라. 샤프트의 각도는 스윙할 클럽에 필요한 이상적인 각도를 나타낸다. 이것이 바로 당신의 '스윙 플레인' 이다. 오른손에 7번 아이언을 잡아라. 오른손이 가슴 높이로 올 때까지 하프 스윙을 하라. 7번 아이언 샤프트를 6번 아이언 샤프트의 각도와 비슷해지도록 조정하라. 이것은 정상적인 스윙 면 위의 백스윙을 나타낸다. 필요하면

1

이 자세를 잡기 위해 친구에게 도움을 청하라.

**일반적인 실수 2 :
너무 수직인 경우 — 지나치게 가파른 스윙**

예전 골퍼들은 클럽을 가능한 온라인으로 유지하기 위해 클럽 헤드를 똑바로 뒤로 스윙하라는 조언을 들어 왔다. 그러나 이것은 어드레스 때보다 좀 더 수직으로 — 수직 포즈에서 뒤로 반쯤 — 샤프트를 놓게 된다. 다시 말하면, 클럽이 볼로 돌아올 때 백스윙의 궤도처럼 당신은 인 스윙(인 아웃 in-out)을 해야 할 필요가 있는데, '아웃 스윙(아웃 인)'의 불일치를 초래한다. 다시 말하면, 어크로스 더 라인 스윙(across the line swing : 타깃보다 오른쪽으로 향하는 스윙)은 무엇이든 비거리는 줄이고 슬라이스의 위험은 늘릴 것이다.

복잡하게 생각하지 마라

이런 실수는 주변 골퍼들에 의한 레슨 정보를 따르고자 할 때 나타난다. 백스윙할 때 어떤 시도도 하지 않는다면 꽤 좋은 백스윙을 하게 될 것이다. 기억하라. 백스윙이라 불리는 이유는 몸을 돌리면서 클럽을 뒤로 스윙하기 때문이다. 이런 간단한 생각을 머릿속에 유지하라.

제대로 된 궤도로 내리기

클럽 헤드는 버트(그립의 엔드)를 따라간다

Quick tip
머릿속에서 뚜렷하게 자세를 상상할 수 있다면 새로운 자세를 익히는 당신의 능력은 많이 향상될 것이다. 이 사진들을 익히면 당신이 연습할 때 좋은 자세를 찾는 데 도움을 줄 것이다.

기본적인 다운스윙. 클럽 헤드는 스윙이 내려오는 것과 마찬가지로 클럽 그립의 버트를 따른다. 클럽을 샤프트의 정확한 각도로 백스윙한다면 당신은 이런 자세로 스윙할 것이다.

두 손을 따라가는 클럽 헤드의 정확한 경로로 클럽의 헤드를 다운스윙하는 것이 얼마나 쉬운지 여기에서 알 수 있다. 클럽 샤프트는 어드레스에서 잡았던 각도와 일치된다.

당신의 문제는 무엇인가?

당신은 자신의 탑 오브 스윙이나 다운스윙을 볼 수 없으므로 일관성이 없다면 당신의 문제점이 어디에 있는지 알기 어려울 것이다. 다음과 같이 따라해 보자.

1) 백스윙에서 반쯤 내려왔을 때 불편함을 느낀다면 / 손과 발이 오른편에 너무 붙어 있다면 / 클럽 그립의 버트에 꽂혀 있는 티 페그가 볼의 뒷면 대신 골퍼의 신발을 겨누고 있다면 / 클럽 샤프트가 지면과 수직에 가깝다면……

1a) 클럽이 탑에서 타깃의 오른쪽을 겨누는 스윙을 하게 된다.

2) 백스윙에서 반쯤 내려왔을 때 클럽이 당신에게서 멀리 떨어져 있다고 느낀다면 / 오른쪽 팔꿈치가 오른쪽 골반에서 떨어져 있다면 / 볼을 왼쪽으로 치게 될 것처럼 클럽의 헤드가 타깃 라인에서 너무 바깥쪽에 있다고 느낀다면 / 클럽의 버트에 꽂혀 있는 티 페그가 볼이 있는 지면보다 앞쪽을 겨누고 있다면……

2a) 클럽은 탑에서 누워 있는 클럽 샤프트가 타깃의 왼쪽을 겨누는 형태가 되어 있을 것이다.

훌륭한 스윙에 필요한 동작은 작게 그리고 크게!

가장 흔하게 받는 질문은 "어떻게 해야 내가 좋은 자세를 하고 있는지 느낄 수 있습니까?" 이다. 안타깝게도, 스윙에서는 훌륭하다고 느낀 자세가 잘못되었을 수도 있고, 올바른 자세가 이상하다고 느껴질 수도 있다. 그 이유는 스윙이 늘 새롭기 때문이다. 올바른 자세라고 느낄 수 있는 최고의 방법은, 동작을 평소보다 줄이고, 그 다음에 동작을 평소보다 크게 해 본 뒤, 마지막으로 둘 사이의 적절한 중간점의 스윙을 하는 것이다.

머리의 움직임

1. 머리를 고정하라

드라이버를 잡고 머리를 전혀 움직이지 않고 백스윙을 해 보라. 힘들고 어렵다는 것을 알게 될 것이다. 머리를 전혀 움직이지 않고 완전한 회전을 하기란 아마추어 골퍼들에겐 거의 불가능하다. 프로들도 쉽지 않다.

2. 머리를 움직여라

이번에는 머리가 오른쪽으로 움직이도록 하라. 그러면 왼쪽 귀는 어드레스 상태에서 오른쪽 귀가 있던 곳으로 이동한다. 즉 머리의 폭만큼 이동한 것이다. 약간 느슨하고 편안한 느낌을 받을 것이다.

아직도 많은 골퍼들이 스윙하는 동안 머리를 얼마나 많이 움직여야 하는지 모르고 있으며, 그보다 더 심각한 것은 본인의 머리가 실제로 얼마만큼 많이 움직이는지 모른다는 것이다.

3. 두 가지를 절충하라

가장 이상적인 것은, 머리가 머리의 1/2폭 정도만 오른쪽 방향으로 움직이는 것이다. 즉 어드레스에서 코가 위치했던 부분까지 왼쪽 귀가 오는 정도를 말한다. 이렇게 하면 당신은 자유롭게 움직이고 회전할 수 있으면서도 흔들림 없이 안정되게 자신의 오른쪽으로 몸을 회전할 수 있다. 처음 두 자세들을 체험해 보았다면 이 자세를 잡는 것은 아주 쉽다는 것을 알게 될 것이다.

Quick tip
머리의 움직임을 평소보다 적게 또는 과하게 해 보는 것은 훌륭한 간격 학습법이다. 그 느낌들이 뇌에 기준점을 마련해 주기 때문이다. 이는 성공적인 중간 지점을 쉽게 만들어 준다.

왼손 그립

그립은 볼을 제어해 주는 클럽 페이스를 제어한다. 서투른 그립은 미스 샷(타깃 라인과 직각이 안 되는 타격)을 불러온다. 티 페그를 엄지와 검지 사이에 끼운다. 이것이 올바른 그립을 위한 코치 역할을 할 것이다.

1. 12시 방향에 놓인 티 – 슬라이스

시계 문자판이 왼손목을 중심으로 놓여 있다고 상상하라. 티 페그와 샤프트가 12시 방향으로(위에서 내려다볼 때) 함께 뻗어 있다면 위크그립이다. 위크그립이라고 불리는 이유는, 이 그립은 타깃의 오른쪽을 향하고 클럽 페이스에 로프트를 더하게 되는 오픈 포지션에 클럽 페이스를 놓기 쉽기 때문이다. 샷은 높이, 오른쪽 방향으로 짧게 간다.

2. 2시 방향에 놓인 티 – 훅

왼손은 스트롱 그립을 보여 준다. 이 그립은 타깃의 왼쪽을 향하고, 클럽 페이스 로프트를 줄이는 클로즈드 포지션(닫혀진 위치)에 클럽 페이스가 놓이는 경우가 일반적이기 때문이다. 볼은 낮게, 왼쪽 방향으로, 그리고 스퀘어 포지션에서 생기는 비거리보다 멀리 간다.

Quick tip

새로운 것을 배우기란 결코 쉬운 일이 아니다. 특히 우리가 해 오던 일정한 방식이나 습관이 있을 때는 더욱 그렇다. 평소보다 작게, 그 다음엔 평소보다 과하게 해 본다면 타구에 꼭 필요한 최적점을 찾을 수 있다.

3. 두 가지를 절충하라 : 1시 방향에 놓인 티

자신의 그립이 앞의 두 가지 극단의 사이(12시~2시)에 있도록 하라. 그리고 이것이 옳은지 그른지에 관한 생각을 하지 말고 티 페그를 처음 두 자세의 정확히 중간에 놓도록 신경을 집중하라. 이것은 매번 클럽 페이스를 임팩트 시에 직각으로 놓을 수 있는 가장 좋은 기회를 줄 것이다.

백스윙의 탑

백스윙의 탑은 당신의 스윙이 제 궤도에 들어 있는지 아닌지를 점검할 수 있는 아주 좋은 위치다. 수직(업라이트) 또는 수평(플랫)에 가까운 백스윙을 좋은 경로로 스윙하도록 백스윙 궤도를 보정하라.

1. 수평에 가까운 스윙 - 플랫 스윙

과도하게 수평에 가까운 백스윙을 해 보라. 양손의 위치가 어깨의 바깥쪽 부분에 있다고 상상하라. 왼쪽 팔뚝은 오른쪽 어깨보다 높지 않으며, 약간 밑에 위치할 것이다. 이런 자세에서 적절한 샷이 불가능한 것은 아니지만 이것은 생각하는 것보다 더 수평에 가깝다. 이런 백스윙을 다섯 번 해 보라.

2. 수직에 가까운 스윙 - 업라이트 스윙

이제 반대로 해 보라. 왼쪽 팔뚝을 오른쪽 귀 방향으로 스윙하려고 노력하는 만큼 가파르게 스윙하라. 게다가 또 이 자세에서 샷을 구하는 방법들은 있다. ─ 미국 골퍼 짐 퓨릭Jim Furyk은 이것을 멋지게 다룬다. ─ 하지만 하루 종일 연습하지 않는 한 일관된 샷을 할 수 없을 것이다.

3. 두 가지를 절충하라

이제 플랫 스윙과 업라이트 스윙의 느낌이 어떤지를 알게 되었을 것이다. 두 종류의 스윙에 따른 클럽의 경로를 마음속에 그릴 수 있을 것이다. 업라이트와 플랫한 스윙의 중간 경로로 백스윙을 다섯 번 해 보라. 한 가지 완벽한 자세를 찾아야만 한다고 생각지 말라. 두 가지 경로 사이에 있다면 모두 정상적인 백스윙 플레인에 있다는 사실을 인식하라.

스루 스윙

당신이 타깃을 향해 직선으로 스윙하고 있다고 어떻게 말할 수 있겠는가? 가장 좋은 방법은, 왼쪽과 오른쪽으로 번갈아 친 다음 절충하는 것이다. 볼 2개를 60센티미터 정도 간격을 두고 타깃을 향하도록 놓은 뒤, 다시 두 개를 그 사이에 똑같은 간격으로 일렬로 놓는다.

1. 왼쪽 문

중간에 있는 볼과 왼쪽에 있는 볼 사이에 통로를 형성한다고 상상하라. 매번 볼과 볼 사이를 관통하도록 노력하면서 스윙을 다섯 번 하라. 이렇게 하면 타깃 왼쪽으로 볼을 치는 감각이 길러진다.

2. 오른쪽 문

오른쪽도 같은 방법으로 해 보라. 오른쪽 통로를 관통하도록 스윙을 하라. 연속으로 볼 다섯 개를 성공적으로 통과할 때까지 계속하라.

짐바브웨 프로 골퍼 토니 존스턴 Tony Johnstone이 사용했던 방법

존스턴은 어드레스에서 몸을 정렬할 때, 스탠스를 잡고 몸은 타깃의 오른쪽을 겨누는 샷 자세로 시작한다. 그런 다음 타깃의 왼쪽을 겨누는 오픈 자세가 나올 때까지 골프채를 휘둘러 본다. 이런 행동은 두 가지를 절충하고 페어웨이를 따라 공이 곧장 날아가도록 겨누려는 준비 행동이다. 발, 골반, 어깨의 자세를 잡는 데 항상 문제가 있다면 이것을 한번 시도해 볼 만하다.

3. 두 가지를 절충하라

당신의 근육이 왼쪽으로 스윙하는 것과 오른쪽으로 스윙하는 것의 차이를 인식하도록 훈련했다. 이제 중간에 있는 볼을 겨누어 근육들이 절묘한 중간점을 찾도록 하라. 볼이 완벽한 직구로 날아가지 않을지라도 당신은 목표한 방향으로 향하는 스윙의 훨씬 더 나은 개념을 인식하게 되었을 것이다.

팔꿈치를 기준점으로 사용하라

자신의 양 팔꿈치에 집중하면 스윙 실력을 빠르게 향상시킬 수 있다. 두 팔꿈치는 스윙을 하는 동안 매우 훌륭한 기준점이 된다. 팔꿈치 위치를 관찰함으로써 스윙의 결점을 발견할 수 있으며, 팔꿈치의 확실한 위치를 확인하고 그렇게 되도록 훈련함으로써 스윙 실력을 향상시킬 수 있다. 일단 찾아야 하는 것이 무엇인지를 안다면, 정렬을 정면으로 하기 위해, 스윙 플레인을 향상시키기 위해, 스윙의 크기를 조절하고 자신의 파워를 증가시키기 위해 두 팔꿈치를 사용할 수 있다. 이것은 보기보다 간단하지는 않을 것이다.

체크 포인트

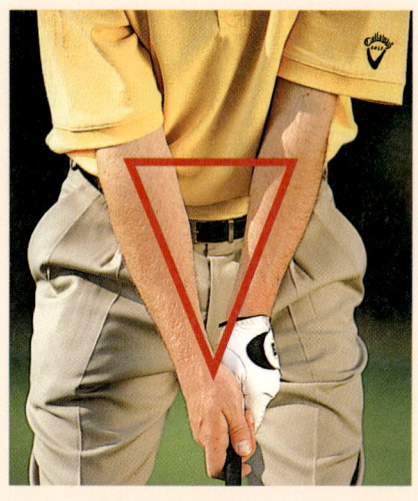

▲
팔꿈치가 서로 얼마만큼 떨어져 있는지, 두 팔꿈치가 두 손과 만들어내는 삼각형을 보라. 스윙하는 동안 팔꿈치 간격이 일정하게 계속 유지되도록 하라.

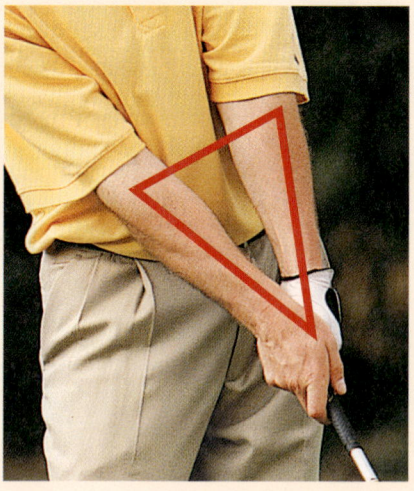

▲
볼을 지나서 스윙하는 동안 어드레스 때보다 두 팔꿈치 간격이 얼마나 바뀌었는지 느껴 보라. 양팔과 어깨가 만들어 내는 삼각형 모양은 그대로 유지해야 한다.

1 : 팔꿈치

많은 골퍼들은 스윙을 하기도 전에 스윙의 운명이 결정되어 버린다. 그 이유는 셋업할 때 양 팔꿈치를 제대로 정렬하지 않기 때문이다. 여기에 올바른 자세로 시작하는지 확실하게 점검할 수 있는 방법이 있다.

1단계 : 미들 아이언을 평상시처럼 잡아라. 두 팔은 긴장을 계속 풀고 있도록 하라. 두 팔꿈치를 몸쪽으로 끌어당기면서 두 팔꿈치가 골반 위쪽 옆구리에 살짝 놓이게 된다.

2단계 : 이 자세부터 시작해서 양쪽 팔꿈치가 서로를 향해 안쪽으로 끌어모아 주면서 두 팔이 살짝 펴질 때까지 클럽 헤드를 부드럽게 앞쪽으로 밀어 준다. 이것이 두 팔꿈치의 완벽한 시작 위치다.

2 : 팔꿈치 조준

양 팔꿈치는 스퀘어로 셋업하는 것을 도와준다.

팔꿈치를 안쪽으로 밀어 넣기

아마추어들이 오른쪽 팔꿈치를 옆구리 쪽으로 밀어 넣는다고 말하는 이유는 슬라이스를 피하기 위해 인사이드로 확실하게 백스윙이 되기를 원하기 때문이다. 하지만 이것은 볼의 측면에 서 있기 때문에 자연스럽게 일어난다. 여기서 아주 과하게 인사이드 방향으로 들어가는 백스윙을 해 보자. 이것은 오버 스윙을 만들고 경로를 깎아 내는 아웃 인 궤도 스윙을 초래한다.

어드레스에서 팔꿈치에 마주서서 클럽 샤프트를 위치시키고자 한다면 나는 당신의 샤프트와 타깃 라인과 평행되는 것을 보고 싶다.

3 : 팔꿈치 파워

볼을 멀리 치려면 임팩트 순간의 오른쪽 팔꿈치 위치를 확인하라.

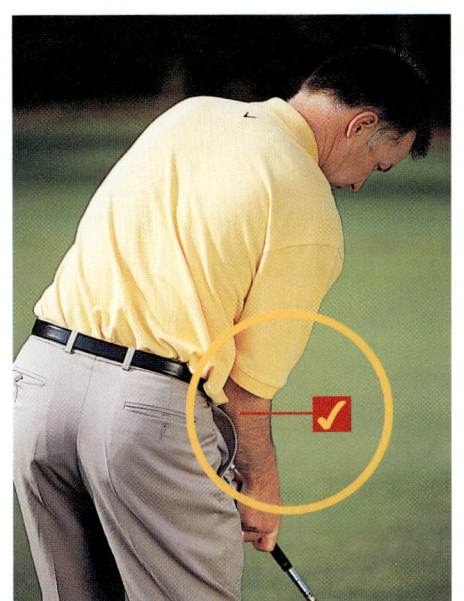 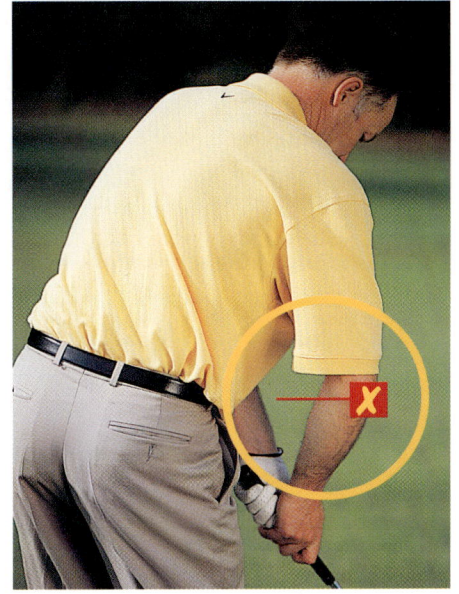

임팩트

볼을 향해 스윙할 때 오른쪽 골반에 붙어 있는 오른쪽 팔꿈치를 느껴 보라. 이것은 강력한 힘을 발휘하는 위치로 임팩트 순간까지 저장된 힘을 유지하도록 해 준다. 권투 선수가 펀치를 날리는 것과 같다고 생각해 보라. —권투 선수는 갑작스럽게 폭발하는 힘으로 펀치를 날리는 순간 직전까지 팔꿈치를 옆구리 쪽에 밀착하고 있다.

팔꿈치를 떼지 마라

다운스윙할 때 오른쪽 팔꿈치가 옆구리에서 떨어지는 느낌이 들 때가 있다. 이는 다운스윙할 때 볼을 너무 빨리, 그리고 너무 강하게 치려고 했기 때문이다. 자신이 볼을 너무 빨리 그리고 강하게 치려고 하면 오른쪽 팔꿈치가 들리게 되어 불가피한 힘의 손실을 초래하게 된다.

4 : 오른쪽 팔꿈치 플레인(스윙할 때 몸의 주변을 움직이는 팔꿈치의 각도)

오른쪽 팔꿈치는 몸의 주변을 움직이는 클럽을 정확한 스윙 플레인으로 스윙하도록 돕는 중요한 기준점이 된다.

1단계 : 셋업을 하고 볼이 오른쪽 팔꿈치를 지나 하늘을 향해 뻗어 가는 라인을 상상한다. 이런 각도는 좋은 스윙 플레인을 나타낸다. 스윙할 때마다 이런 상상을 해 본다면 좋은 각도로 스윙할 수 있을 것이다.

2단계 : 백스윙할 때, 자신의 오른쪽 팔꿈치가 위아래로 움직인다고 상상해 보라. 이렇게 상상하는 라인을 따라서 궤도를 만들어 주면 수직이나 수평에 가깝게 스윙하는 것을 피하면 스윙이 더 좋아질 것이다.

체크 포인트

▶ 백스윙을 할 때 테이크어웨이에서 오른팔을 뻗은 채로 스윙을 만드는 경우가 많다. 이런 실수는 오른쪽 팔꿈치를 움직이지 못하게 하고 경직되어 수직에 가까운 테이크어웨이를 초래한다.

▼ 셋업 시, 오른쪽 팔꿈치 뼈가 골반뼈를 향하도록 하고, 이때 팔꿈치가 구부러지도록 하여 지면을 향하게 해야 on-line으로 회전할 수 있다.

Quick tip

팔꿈치 동작이 쉽게 상상되지 않는다면 망치를 사용할 때 자신의 팔꿈치가 어떻게 움직이는지를 상상해 보라. 하나의 선을 그리며 단순히 오르내릴 뿐 옆으로는 움직이지 않는다.

5 : 팔꿈치 제어

오버 스윙은 샷을 서툴게 하는 가장 큰 원인이다. 오른쪽 팔꿈치에 한 번 더 신경 쓴다면 미스샷을 극복하는 데 도움이 될 것이다.

팔꿈치를 시야에 두라

탑까지 스윙할 때 양 팔꿈치를 점검하라. 오른쪽 팔꿈치가 지면을 향하고 직각에 아주 가깝게 접혀 있는 것을 편안하게 바라볼 수 있어야 한다. 이것은 백스윙이 너무 뻗지 않았다는 것을 보여 준다.

탑에서 팔꿈치를 체크하라

팔꿈치가 시야에서 벗어난다면 백스윙이 오버됐다는 명확한 신호다. 오른쪽 팔꿈치가 뒤로 움직이면 왼쪽 팔이 따라가게 되면서 스윙 궤도가 벗어나게 된다.

Quick tip

테니스공을 던진다고 상상해 보라. 팔을 뒤로 돌리는 것만큼 팔꿈치는 자신의 뒤를 향하게 된다. 골프 스윙에 이런 느낌을 키워가도록 노력하라.

돌리고 확인하라

여기에 다른 점검법이 있다. 골프 클럽을 오른쪽 이두근(팔뚝) 아래에 놓는데 이때 샤프트를 같은 선상에 고정한다. 정상적인 백스윙 회전을 해 보라. 오른쪽 팔꿈치는 타깃에서 떨어진 방향을 가리키면서 샤프트는 골퍼보다 약간 뒤쪽에 있어야 한다.

뒤쪽을 확인하라

백스윙 회전을 하고 샤프트가 자신의 뒤편 오른쪽을 가리키고 오른쪽 팔꿈치가 가슴 몸 앞에 있지 않고 지나치게 빠진 나머지 너무 멀리 온 것이다. 따라서 오른쪽 팔꿈치가 회전한 몸통의 앞에 유지되도록 연습해야 한다.

피니시에서 배워라

골프 스윙은 일종의 연쇄 반응이다. 스윙 과정에서의 문제점은 스윙의 마무리에서 드러나게 되고, 좋은 스윙 동작들은 충분히 균형이 잡힌 피니시를 통해 드러난다. 팔로 스루를 분석하면 자신의 스윙에 관해 정말 많은 것을 배울 수 있다. 물론 골퍼들은 저마다 다양한 자세로 스윙을 마무리하지만, 아마추어들의 스윙은 크게 4가지로 구분할 수 있다. 여기서는 그 4가지를 설명하고 어떤 문제점이 있는지 파악할 것이다. 당신과 가장 비슷한 경우인지 결정하고 문제점을 해결하는 간단한 기술을 사용해 보자. 뒤쪽의 움직임이 앞을 향하는 최적의 경로가 될 것이라는 사실을 알게 될 것이다.

완벽한 피니시를 위해 추구해야 할 것

클럽 샤프트 — 눈과 거의 비슷한 각도에 있다.

손 — 왼쪽 어깨 위에 있다. 클럽은 둥근 몸통에 좋은 스윙 플레인을 따른다.

벨트 버클 — 타깃 또는 타깃에서 아주 조금 왼쪽을 가리키고 있다. 볼을 따라 회전이 어떻게 조절되었는지를 나타낸다.

팔꿈치 — 어드레스 시의 몸과 팔꿈치의 간격만큼 떨어져 있으며, 팔과 몸통이 스윙하는 동안 '연결' 상태로 있었다는 것을 드러낸다.

체중 — 왼발뒤꿈치의 바깥 부분에 체중이 실려 있다. 클럽의 움직임과 조화를 이루어 체중 이동이 적절하게 되었다.

오른발 — 지면에 발가락 끝으로 세우고 수직으로 서 있다. 샷 하는 동안 몸통 회전의 정확한 정도를 나타낸다.

피니시 1
하체가 빠지는 경우

당신은 클럽을 너무 많이 몸쪽으로 붙여서 보내고 있다. 볼을 향해 다운스윙할 때 두 손과 두 팔은 오른쪽 옆구리 뒤에 있고, 오른쪽 팔꿈치는 당신의 오른쪽 골반 뒤를 스친다. 당신은 자기 자신만의 방식을 느낄 것이다. 팔이 다운스윙과 팔로스루할 공간을 만들려면 자신의 하체를 앞으로 빠지게 할 수밖에 없다.

자세 교정

샷을 하는 동안 반드시 회전해야 한다. 왼쪽 옆구리가 홀을 향해 움직이며 밀어내는 것보다 임팩트 시 하체가 좀 더 회전하는 것에 집중해 보라. 이 훈련을 꾸준히 하라.

1단계 : 자신의 왼발 바깥쪽에 가까운 지면에 우산을 꽂는다.

2단계 : 왼쪽 엉덩이가 자신의 뒤(목표의 왼쪽)로 회전하도록 다운스윙해 본다. 스윙이 안쪽으로 회전하기 전에 우산 방향으로 움직일 수 있다. 밀어내는 움직임이 습관이 되어 왼쪽 엉덩이가 우산 쪽으로 밀려서 빠지게 된다. 왼쪽 엉덩이가 우산에 부딪치지 않으면서 몸을 회전시킬 수 있을 때까지 다운스윙을 연습한다.

업라이트 피니시—두 손은 매우 높이 위치한다. 왼쪽 귀보다 위에 있다.

체중—왼발 바깥쪽에 훨씬 많이 실린다.

활처럼 휜 등—하체가 앞쪽으로 빠짐에 따라 척추는 역 C자 모양을 만들어 낸다.

다리 접힘—무릎이 과하게 구부러져 엉덩이의 강력한 회전을 방해할 것이다.

오른발—두 다리가 움직이는 것과 마찬가지로 타깃을 향해 발이 끌려서 움직인다.

이런 결과를 불러오는 샷은

훅과 푸시(오른쪽 직구로 날아가는 샷)를 치게 될 것이다. 이것은 뒷땅이나 볼 위를 치는(토핑) 샷을 초래하기도 하므로 다운블로우 샷을 만드는 데 어려움이 있을 것이다. 샷을 이럭저럭 날렸다 하더라도 볼은 타깃의 오른쪽 방향으로 향했을 것이다.

피니시 2
오른쪽 어깨가 높은 경우

이런 경우는 골퍼가 볼에 달려들어서 강타를 날리려고 할 때 자주 나타나는 결과다. 지나치게 힘이 들어간 오른쪽 어깨가 볼로 회전해 들어가면 나중에 몸의 오른쪽 전체가 심하게 올라가는 결과를 초래한다.

자세 교정

당신은 오른쪽 팔꿈치와 어깨를 턱의 주변이나 앞쪽보다는 아래쪽으로 내려가도록 훈련해야 한다. 다음의 던지는 훈련법은 정확한 감각을 기르는 데 도움이 될 것이다.

1단계 : 오른손으로 골프공을 잡는다. 클럽 없이 정상적인 어드레스 자세로 볼에 셋업한다. 자연스럽게 스윙해 보라. 당신의 목표는 오른손으로 볼을 던져 지면의 공을 맞히는 것이다.

2단계 : 타깃 라인의 오른편 바깥으로 볼을 튕기는 것과 같은 느낌을 받고자 한다. 이것이 제대로 된다면 당신은 볼을 던지는 순간 오른쪽 어깨가 턱 아래에 위치해 있다는 사실을 느낄 것이다. 오른쪽 어깨가 힘이 들어가 있는 스윙은 지면에 있는 공의 왼쪽을 잘 맞힐 것이다. 타깃 라인의 오른편 바깥쪽으로 일정하게 공을 던질 수 있을 때까지 연습한다.

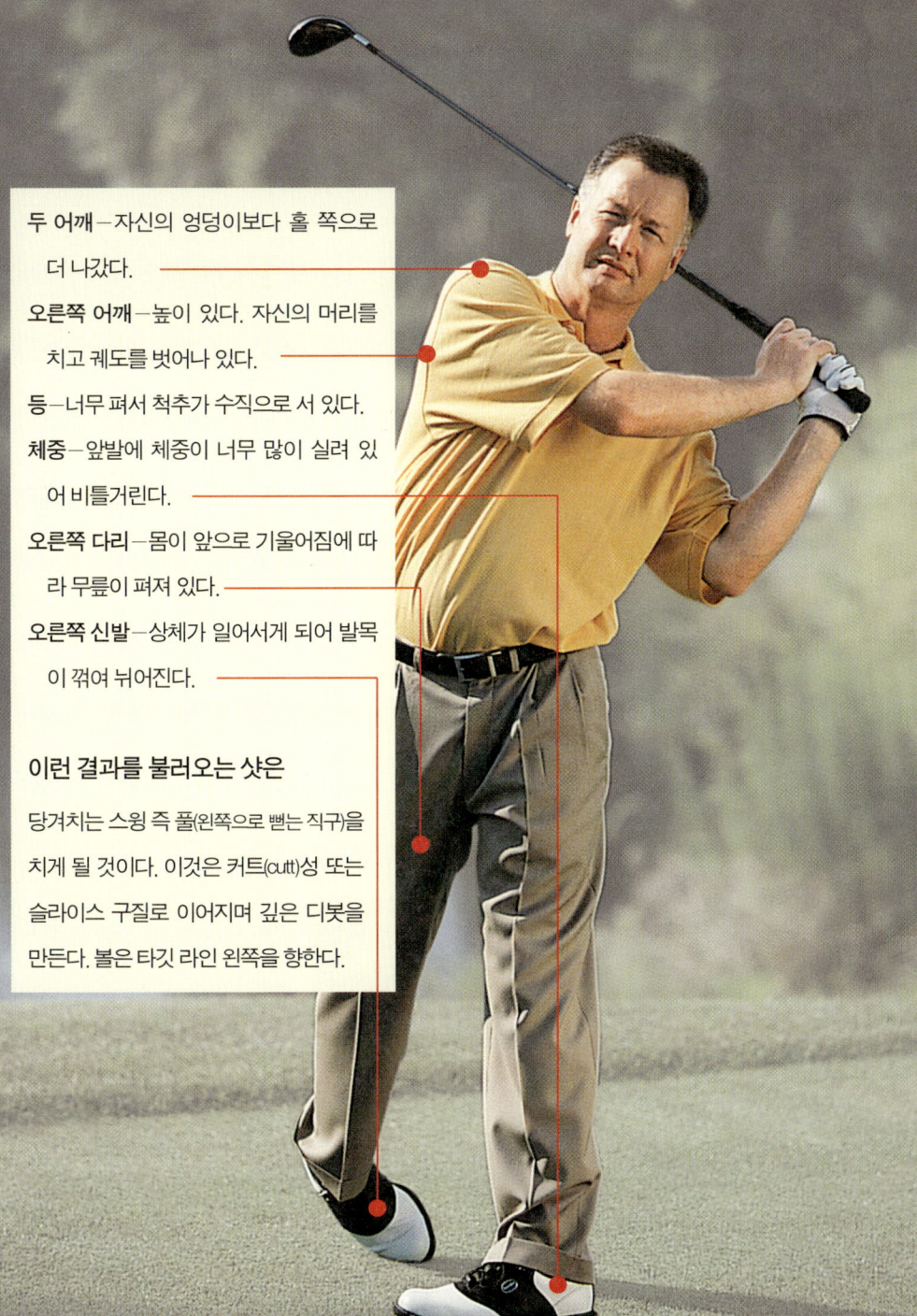

두 어깨—자신의 엉덩이보다 홀 쪽으로 더 나갔다.

오른쪽 어깨—높이 있다. 자신의 머리를 치고 궤도를 벗어나 있다.

등—너무 펴서 척추가 수직으로 서 있다.

체중—앞발에 체중이 너무 많이 실려 있어 비틀거린다.

오른쪽 다리—몸이 앞으로 기울어짐에 따라 무릎이 펴져 있다.

오른쪽 신발—상체가 일어서게 되어 발목이 꺾여 뉘어진다.

이런 결과를 불러오는 샷은

당겨치는 스윙 즉 풀(왼쪽으로 뺀는 직구)을 치게 될 것이다. 이것은 커트(cutt)성 또는 슬라이스 구질로 이어지며 깊은 디봇을 만든다. 볼은 타깃 라인 왼쪽을 향한다.

피니시 3
뒷발에 체중을 실어 스쿠핑scooping을 하게 되는 경우

이 자세는 볼을 공중으로 띄우려는 골퍼에게서 늘 볼 수 있다. 볼을 하늘을 향해 걷어올리기 위해(이는 잘못 알고 있는 기술이다) 클럽 헤드가 손과 손목을 지나 앞으로 움직이는 동안 체중은 볼의 뒤쪽인 오른발에 실려 있다. 클럽 페이스의 로프트는 볼을 공중에 띄우게 된다는 것을 기억하라.

자세 교정

클럽 페이스의 로프트의 각도를 믿는 것부터 배워라. 또한 볼을 타격하는 각도를 조절할 필요가 있다. 그렇게 하면 아이언 클럽 헤드는 실제로 클럽 헤드가 볼을 때릴 때와 마찬가지로 잔디를 향해 다운스윙한다. 티 페그가 도움을 줄 것이다.

1단계 : 티 페그를 타깃 라인 상의 지면에 꽂는다. 이때 왼발 바깥쪽 앞에 꽂아 둔다.

2단계 : 평상시대로 스윙하여 볼을 친다. 여기서의 주요 미션은 클럽이 임팩트 순간을 지나가면서 티 페그를 쳐서 뽑아내는 것이다. 처음 몇 번은 클럽이 티 위로 지나가 탑볼이 발생할 것이다. 하지만 이 훈련을 통해 당신은 클럽 헤드가 티를 만나도록 하기 위해 스윙할 때 자신의 체중이 적절하게 앞으로 움직이는 느낌을 받을 것이다. 습관이 된 퍼올리는 행동은 클럽 헤드가 매번 티 페그 위를 지나가게 할 것이다. 이러한 훈련이 어렵다면 볼 없이 하는 이 훈련을 해 보라. 지면에서 티 페그를 쳐내는 것에만 집중하라.

Quick tip
좋은 샷을 보고 마음으로 즐기는 훈련을 하라. 감정은 기억력을 강화시키므로 좋은 샷을 즐길수록 그런 샷을 기억하고 외울 기회가 늘어난다.

팔꿈치—몸통에 지나치게 밀착되어 있다.
복부—타깃의 오른쪽에 있다.
체중—뒷발에 실려 있다.

이런 결과를 불러오는 샷은

당신은 높이 뜨면서 비거리가 나지 않는 샷을 많이 칠 것이다. 또한 볼 앞의 잔디를 치고—뒷땅—샷을 얇게 치는—토핑— 경향도 갖고 있을 것이다. 퍼올리는 행동은 클럽의 스윙이 그리는 포물선의 바닥에 도달했고, 임팩트 전에 이미 상승을 하고 있다는 것을 의미한다.

피니시 4
뒷발에 체중을 실어 슬라이스를 하게 되는 경우

골퍼들은 클럽 페이스가 공을 향해 가는 동안 타깃을 계속 바라보도록 유지하려고 한다. 팔로스루에서, 그립 아래쪽의 오른손과 함께 장갑 로고가 하늘을 향하고 있다. 이것은 '치킨 윙(chicken wing : 왼쪽 팔꿈치가 지지하다가 몸의 외곽 부분으로 빠져 오른쪽 팔이 열리는 것)을 초래한다. 임팩트 순간 오픈 페이스가 되어 볼은 사이드 스핀이 걸리게 되어 왼쪽에서 오른쪽으로 휘어지고, 골퍼는 볼이 왼쪽으로 출발하게 하려고 자신의 오른발에 체중을 남겨 둔다.

자세 교정

1단계 : 임팩트 순간 양 팔뚝을 교차시켜 회전하라. 오른손이 왼손의 윗부분을 감아쥐는 자세를 연습해 보라. 왼쪽 팔꿈치가 어떻게 자신의 왼편으로 접히는지 알아두라. 이렇게 하면 팔뚝의 회전이 좋아져 클럽 페이스가 임팩트 순간에 스퀘어 상태가 되어 샷이 곧게 나가도록 도울 것이다. 주의할 것은 손목만 돌리는 것은 회전이 아니라는 것이 팔뚝 회전이다.

2단계 : 오른발 뒤꿈치가 앞으로 향하게 하라. 발뒤꿈치 바깥에 티 페그를 꽂는다. 오른발 뒤꿈치가 앞을 향하고 티에서 떨어지는 스루스윙을 연습해 보라. 이렇게 하면 체중이 왼발로 이동할 때 올바른 체중 이동을 하는 발동작이 늘어난다. 만약 팔로스루를 할 때 오른발 뒤꿈치가 뒤로 트위스트 되고 티페그를 치게 되면 이것은 스윙할 때 체중이 지나치게 오른발에 쏠려 있다는 의미다. 볼 없이 시도해 보자. 체중을 올바르게 옮기고 균형과 힘을 향상시키는 올바른 발동작을 느껴 보라.

Quick tip
피니시는 스윙에서 긴장의 척도다. 손과 팔을 점검하라. 근육이 긴장하고 있다면 스윙하는 동안 클럽을 너무 세게 잡고 있다는 것을 나타낸다.

팔꿈치 — 작아진 팔로스루는 양 팔꿈치 사이의 간격을 떨어지게 하여 왼쪽 몸통 바깥으로 팔이 당겨지며 벌어진다.

체중 — 뒤쪽 발(오른발)에 실려 있다.

엉덩이 — 불충분한 팔로스루를 보이며 타깃의 오른쪽을 향한다.

이런 결과를 불러오는 샷은

숏 아이언은 끌어당기며 치고, 롱 아이언은 심한 슬라이스를 치게 될 것이다. 디봇의 방향은 왼쪽을 향한다.

슬라이스를 극복하라

슬라이스의 이유는 단 한 가지다. 클럽 페이스가 임팩트 시 오픈—오른손잡이가 보았을 때 오른쪽을 향하는—되었기 때문이다. 오픈 클럽 페이스는 오른쪽으로 회전하기 때문에 공을 약하고 빗맞게 하여 OB를 유발한다. 클럽 페이스가 볼에 다가갈 때 타깃을 향하도록 노력하는 것이 이런 오픈 페이스를 유발할 수 있다. 사실 클럽 페이스는 스윙하는 동안 지속적으로 회전한다. 슬라이스를 고치고 싶다면 임팩트 순간 오픈 자세에서 클로즈드(closed, 오른손잡이가 보았을 때 타깃의 왼쪽을 향하는) 자세로 클럽 페이스를 회전시키는 감각을 발달시켜야 한다. 그렇게 되면 오른쪽에서 왼쪽으로 주는 회전을 자신의 스윙 궤도에 적용할 수 있다. 이렇게 하면 드로우 구질을 확실히 알게 될 것이다.

1 : 그립을 손에 넣어라

슬라이서의 그립

정확한 드로어의 자세

점검 사항 1 : 왼손 그립을 점검하라. 전형적인 슬라이스 자세에서는, 그립을 손바닥으로 잡은 팜그립의 형태다. 이 그립은 매우 약하기 때문에 두 손목의 정확한 움직임을 방해하고, 임팩트 순간 오픈 클럽 페이스 자세가 나오게 한다.

점검 사항 2 : 왼손바닥이 아니라 왼손가락으로 클럽을 잡고 있는지를 확인하라. 그리고 손바닥의 손날 부분의 두툼한 살 부위가 그립에 의해 접히도록 하라. 이것은 손목을 강력한 지렛대로 사용하게 해 준다. 절대로 그립이 두툼한 살 부위 위에 가거나 생명선 가까이 위치하지 않게 해야 한다.

2 : 페이스를 회전시켜라

클럽 페이스의 리딩 에지는 수직임을 명심하라.

왼손목이 펴지는 만큼 클럽 페이스가 closed로 어떻게 회전되는지 주목하라.

왼손으로만 잡는다

클럽을 왼손으로 잡고 앞으로 내민 채 있어보라. 그러면 클럽 페이스의 리딩 에지가 수직이 된다. 왼손을 내려 보라. 이때 왼손목이 약간 꺾인 것을 볼 수 있다. 이것은 그립의 윗부분이 왼손의 손날 아래 부분에 위치했기 때문이다. 사소해 보이지만 이런 꼬임은 중대한 역할을 한다.

클럽 토우(toe) 닫기

클럽을 몸에서 앞으로 뻗으면 팔과 축이 거의 일직선이 되고 왼손목은 평평해진다. 이것은 임팩트 순간의 스윙을 흉내 낸 것이다. 이때 클럽 페이스는 닫혀 있다. 클럽의 토우는 오른쪽에서 왼쪽으로 휘는 드로우 회전을 완벽하게 만들어 내는 약간의 'closed' 자세로 회전해 있다.

> **존 댈리**John Daly**가 사용했던 방법**
> 미국의 골퍼 존 댈리는, 왼팔은 회전하는 반면 왼손목은 평평하고 클럽 페이스는 닫혀 있는 동작 덕분에 드로우 볼을 성공적으로 칠 수 있었다.

클럽의 토우가 임팩트 후에 클럽의 힐을 곧 따라잡는지 점검하라.

1단계 : 샤프트를 밀어내는 느낌과, 임팩트 순간 클럽 페이스를 오픈에서 클로즈까지 회전시키는 느낌에 집중해 보자. 볼은 놓지 않고, 로프트가 큰 아이언을 선택하여 손목을 약간 꼬아서 잡는다. 두 손이 엉덩이 높이보다 높지 않게 짧은 백스윙을 해 보라.

2단계 : 임팩트 영역을 느린 동작으로 지난다. 왼팔을 뻗어 회전하되, 클럽을 당신에게서 밀어내는 것처럼 한다. 왼손목이 펴지고 클럽 페이스는 닫히는 느낌이 온다. 클럽 페이스는 항상 회전하며, 임팩트 순간 최고로 짧은 순간만 스퀘어 자세에 도달한다는 것을 기억하라.

3단계 : 20~30야드 정도 되게 샷을 몇 번 해 보라. 클럽 페이스를 회전시켜서 볼의 약간 오른쪽에서 왼쪽으로 향하는 드로우 구질을 만들어 보라.

집에서 해 보라

이러한 회전 감각을 가능한 많이 기억해 두라. 왼팔이 쭉 뻗어서 회전할 때 클럽 페이스의 토우가 회전하기 시작하는지 점검하라. 거울 앞에서 하는 것이 효과적이다.

백스윙을 할 때 오른쪽을 깔끔하게 처리하라

1단계 : 오른쪽 어깨가 목 뒤로 회전하는 것을 느껴라. 그러면 스윙 궤도가 안쪽으로 유지되면서 백스윙 탑에서 당신의 뒤편으로 두 팔을 이동시켜 준다. 양쪽 어깨가 돌아가지 않는다면 업라이트성의 스윙과 슬라이스성의 스윙을 초래하게 된다.

2단계 : 왼손만으로 백스윙을 시도해 보라. 셋업 자세에서, 오른손 검지를 타깃 방향으로 하여 왼쪽 어깨 위에 올려놓는다. 오른손 검지가 볼의 뒤와 위를 가리킬 때까지 백스윙 회전하라.

Quick tip
슬라이스에 대한 두려움은 근육을 긴장시켜 백스윙을 짧게 만든다. 실제로도 근육 긴장을 초래하는 경우가 있다. 스윙 전 안정을 위해 세 번의 복식 호흡을 하라.

충분한 어깨 회전은 스윙 궤도를 제대로 유지하게 하고 볼을 인-아웃으로 치는 타이밍을 제공한다.

4 : 두 팔은 빠르게, 몸통은 느리게 움직여라

일치시켜라

슬라이스를 내는 골퍼들은 다운스윙이 자연스럽지 못하다. 두 손과 두 팔은 클럽의 헤드보다 뒤처져 있는 반면 상체가 지나치게 빨리 움직인다. 이것은 두 팔과 두 손이 지나기 전에 오른쪽 어깨가 볼의 진로를 따라 공격적으로 움직이는 어깨 스윙을 불러 전형적인 슬라이스 스윙 궤도로 볼을 보낸다. 여기에 스윙을 일정하게 만드는 치료법이 있다.

1

Quick tip
일치하지 않는 다운스윙으로 슬라이스를 경험해 보라. 두 손과 두 팔이 스윙을 끝낼 때까지 몸통을 뒤에서 잡고 있어라.

이것은 전형적인 슬라이스를 내는 자세다. 내리막에서 상체가 두 팔보다 빠르게 앞서 간다.

성공! 오른쪽에서 왼쪽 방향으로의 회전은 드로우 형태의 볼을 칠 수 있다.

1단계 : 우산을 왼발 새끼발가락 앞의 지면에 꽂아 놓는다. 7번 아이언을 잡고 볼 없이 하프 백스윙을 해 보라.

2단계 : 팔로스루를 할 때, 두 손이나 몸통 어느 신체 부분도 우산을 건드리지 않도록 하라. 우산과 닿지 않기 위해 몸통이 속도를 늦추는 동안 두 손과 두 팔은 클럽 스피드를 올리고 있다는 사실을 발견하게 될 것이다. 이 동작이 익숙해지면 우산을 치운다. 하지만 습관은 고치기 쉽지 않으므로 한동안은 부드러운 스윙으로 천천히 스윙하라.

5 : '안쪽' 스윙 궤도를 만들어라

'안쪽'에서 스윙하라

슬라이스를 내는 골퍼들은 스윙 궤도와 타깃 라인을 혼동한다. 타깃 라인은 볼에서 타깃으로 가는 상상의 궤도일 뿐이다. 이 궤도를 따라 다운스윙을 시도하면 아웃-인 스윙 궤도와 슬라이스가 나타나게 된다. 골퍼는 볼의 측면에 서 있으므로 클럽을 타깃 라인의 '안쪽'에서 공까지 가져가야 한다. 이것을 깔끔하게 만들어 주는 훈련법을 소개한다.

1단계 : 두 개의 클럽을 지면 위에 놓는다. 첫 번째 클럽은 샤프트가 타깃을 향하도록 놓은(자신의 타깃 라인) 다음, 두 번째 클럽의 토우를 첫 번째 클럽의 샤프트에 붙여 놓는다. 이러면 두 번째 클럽의 리딩 에지가 샤프트와 직각이 된다. 이것이 자신의 스윙 패스다.

2단계 : 들고 있는 클럽 샤프트가 지면에 놓인 클럽 샤프트 2개가 만들어 준 길(path)을 따라가도록 다운스윙 예행 연습을 한다. 근육들이 이 경로에 위치하도록 하는 느낌으로 실행하라. 그러면 스윙하는 동안 좀 더 나은 스윙 패스(궤도)가 되어 좀 더 정확하고 파워풀하게 인사이드(in-out-in)로 가져가는 방법을 찾을 수 있을 것이다.

3단계 : 골프 스윙의 회전 동작은 팔로스루에서 자신의 타깃 라인 안쪽으로 클럽을 가져오게 한다. 타깃 라인으로 다운스윙하고 있다는 기분이 들 때조차도 볼은 슬라이스가 될 수 있다.

파워를 내기 위한 6단계

많은 골퍼들이 임팩트 전의 짧은 순간에만 힘이 필요하다고 생각한다. 하지만 힘이 실리는 과정은(임팩트) 다운스윙의 초기 동작부터 시작되고 임팩트 이후에 끝난다. 6단계 중 그 어디에서도 볼을 더 강하게 치라는 요구는 없겠지만, 6단계 모두 좋은 샷을 만드는 데 도움이 될 것이다. 6단계를 잘 따라하면, 드라이브 샷이 그 어느 때보다 더 멀리 그리고 정확하게 날아간다는 사실을 알게 될 것이다.

1 : 자신의 오른쪽을 낮추라

1단계 : 오른쪽 무릎을 살짝 구부리면 오른쪽 어깨가 낮아지는 것을 느낄 수 있는데, 이것은 체중이 오른발에 약간 더 실리게 한다. 백스윙에서 최대의 힘을 내기 위해서 체중은 볼 뒤 오른쪽으로 이동해야 한다. 무릎의 굽힘은 출발을 유리하게 한다.

2단계 : 무릎의 굽힘은 척추를 기울게 한다. 이로 인해 타깃에서 약간 떨어져서 몸이 기울게 된다. 이렇게 하면 임팩트 과정에서 클럽이 위로 향하여, 볼의 발사 각도를 높이는 효과를 준다.

3단계 : 위와 같은 발사 각도를 높이는 임팩트의 장점을 취하려면 볼의 위치가 높아지도록 티를 꽂는다. 적어도 볼의 절반이 드라이버의 톱 엣지(윗부분 끝) 위에 오도록 하라.

2 : 낮게 스윙하라

깔끔하고 부드러운 샷

볼에서 클럽을 움직일 때는 클럽 헤드를 볼에 댔다가 떼는 것처럼 지면에 가깝게(낮게) 해서 뒤쪽으로 60~90cm 정도까지 뺀다. 손과 손목으로만 클럽 헤드를 들어 올리면 손과 팔이 몸통과 따로 움직이게 되어 스윙 궤도를 벗어난 스윙을 유발한다. 당신이 볼을 세게 치려는 것이 아니라는 것을 기억하라. 중요한 것은 리듬과 타이밍이다. 부드럽게 바닥을 쓸어가는 듯한 동작은 임팩트를 좋게 하고 비거리를 향상시킬 것이다.

안정적인 왼쪽 무릎

클럽을 뒤로 뺄 때 왼쪽 무릎이 얼마나 움직이는지 보았는가? 왼쪽 무릎이 과도하게 움직이면 클럽 헤드가 과도하게 안쪽으로 가는 테이크어웨이(takeaway)를 유발시킬 수 있다. 왼쪽 무릎이 오른쪽으로 움직이려는 것을 저지하면 회전력이 견고하고 강력해질 것이다.

Quick tip

양손에 힘이 들어가면 테이크어웨이가 급해진다. 이를 예방하려면 일단 그립을 강하게 잡는다. 그런 뒤 그립의 힘을 부드럽게 이완시키면 부드럽게 백스윙할 수 있다.

3 : 힙의 회전과 어깨의 회전 사이에 격차를 만들어라

힙을 뒤에 두고 어깨를 회전시켜라.

강력한 꼬임에 필요한 것

아래의 두 그림을 비교해 보라. 오른쪽은 왼쪽보다 훨씬 더 강력한 백스윙을 보여 준다. 강력한 꼬임은 엉덩이 회전과 어깨 회전의 격차를 증가시킨다. 어깨를 90도 회전시키는 것은 매우 좋지만 엉덩이가 같이 90도로 회전하면 오히려 파워가 줄어든다.

더 강력한 꼬임을 만들어 내는 4가지 방법

❶ 어깨가 충분히 회전할 때까지 하체는 가능한 고정하라.

❷ 백스윙 중에는 왼쪽 무릎의 회전 동작을 억제할 것. 힙의 회전을 제한하는 데 도움을 준다.

❸ 어깨가 유연할수록 상체의 힘을 빼고 자연스런 꼬임을 만들어 낸다.

❹ 오른쪽 무릎을 단단히 고정하라. 오른쪽 허벅지 안쪽 근육에 생기는 압력을 느껴야 한다. 꼬임으로 인한 강력한 압력은 다운스윙 때 강력한 힘을 낸다.

4 : 볼을 지나는 동안 팔로스루를 길게 유지하라

도전

뛰어난 선수들은 대개 임팩트 바로 후에 클럽과 오른팔을 타깃 라인으로 뻗어 간다. 이런 동작을 몸에 각인시키면 드라이브 샷 거리가 늘어날 것이다.

실행

일반적인 드라이버 위치보다 타깃 라인 쪽으로 45cm 정도 더 이동시켜 티를 꽂고 볼을 올려놓는다. 드라이버가 타깃 라인 상에 있는지 확인한 뒤 정상적으로 스윙을 해 보라. 부드럽고 정확하게 마주치도록 노력하라.

5 : 큰 스윙을 위해 팔을 쭉 뻗어라

측정

폭이 넓은 스윙은 폭이 좁은 스윙보다 공을 훨씬 더 멀리까지 날려 보낼 수 있다. 스윙의 폭을 측정하는 곳은 백스윙 탑에서다. 탄력 밴드가 드라이버의 그립의 끝과 왼쪽 발목 사이에 있다고 상상해 보라. 이 밴드를 가능한 많이 당겨 보라.

샷을 던진다

폭을 넓게 만드는 또 한 가지 방법은, 백스윙 탑에서 클럽의 버트를 타깃에서 가능한 한 멀리 놓으려고 노력하는 것이다. 앞으로 던지기 직전까지 뒤로 쭉 뻗어 투창을 던진다고 생각해 보라.

6 : 임팩트 동안 왼쪽 다리는 곧게 펴라

회전하고 풀기

장타를 내는 골퍼들은 임팩트를 하는 동안 힙을 강력하게 회전시킴으로써 클럽 헤드의 속도를 얻는다. 하지만 임팩트 순간과 임팩트 후에 왼쪽 무릎이 구부러져 있다면 강력한 회전 동작은 불가능하다. 오른팔만으로 다섯 번의 연습 스윙을 해 보라.

왼손을 왼손 골반 위에 올려놓는다. 다운스윙과 스루스윙을 할 때 왼손이 방해가 되지 않도록 왼쪽 골반을 누르도록 하라. 이 동작을 실행하여 왼쪽 다리가 쭉 펴지는 것을 느껴 보라. 이 동작에 익숙해질 때 전력을 다해 한번 스윙해 보라.

데이비스 러브 3세가 사용했던 방법

사람들은 이 키 큰 골퍼의 놀라운 힘이 어디에서 오는지 궁금해 한다. 그것은 볼을 치는 동안 자유롭고 강력한 회전을 제공하는 왼쪽 다리의 위치에 있다.

경사에 맞게 셋업하라

연습장에서는 모든 라이가 완벽하게 평평하다. 하지만 일반적인 골프 코스에서는 적어도 스윙의 절반은 볼이 발보다 위나 아래에 있다. 평소 연습장에서는 이런 볼에 대한 연습 스윙을 하지 않는다. 골퍼들이 범하는 대부분의 실수가 평평한 곳에서 샷을 할 때처럼 자세를 취한다는 것이다. 이것은 경사를 따라 자연스럽게 흘러가기보다 경사와 싸우는 스윙을 초래한다. 여기, 경사를 이용하는 정직한 셋업과 스윙 규칙이 여기에 있다.

1 : 발보다 위에 위치한 볼

스핀(회전)을 기억하라

발끝 오르막 라이는 오른손잡이의 경우 볼이 왼쪽으로 회전하는 훅(hook) 스핀을 만든다. 경사지에 볼을 떨어뜨린다고 상상해 보자. 볼은 튀어가는 방향으로 계속 회전할 것이다.

스핀에 대항하라

스핀에 대항하기 위해 타깃의 오른쪽 10m를 겨냥한다. 발, 엉덩이, 어깨가 이 라인과 평행을 이루고 있는지 확인한다. 경사가 급할수록 더 많은 스핀을 만들어 내므로, 경사가 급해지면 오른쪽 방향으로 더 멀리 겨냥해야 한다.

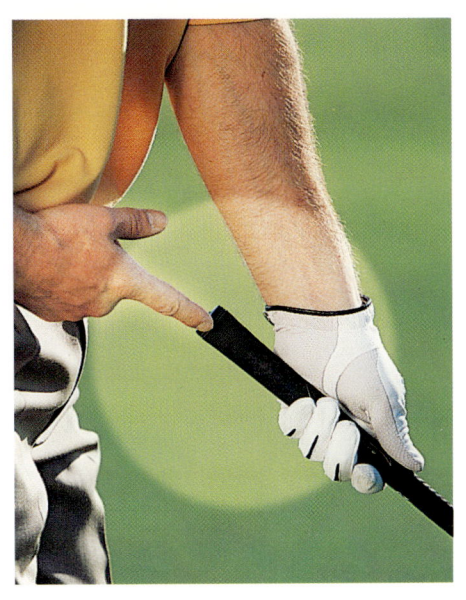

무릎을 구부려라

발끝 오르막에서는 체중이 발뒤꿈치에 실린다. 이때는 무릎을 구부려 체중이 볼과 가까운 발끝(발의 앞부분)으로 옮겨지도록 한다. 볼 위치가 높을수록 척추의 각도는 수직에 가까워진 상태로 세워져 셋업하게 된다. 이 때문에 더 평평한 플랫스윙을 할 것이라는 것을 알아 두라.

그립을 내려 잡아라

볼이 상대적으로 높으므로 어깨와 클럽 헤드 사이의 거리를 줄여 주어야 한다. 그립을 평상시보다 좀 더 내려잡는다. 측면 경사가 심할수록 그립을 더 짧게 잡아야 한다.

백스윙과 스루스윙에서 더 평평하게 스윙하라

스윙의 크기는 작아야 하는데, 평평한 라이에서는 두 손은 백스윙 탑에서 오른쪽 어깨보다 꽤 많이 위에, 팔로스루 마무리 시점에서는 왼쪽 어깨보다 높이 있지만, 백스윙과 팔로스루 때 두 손은 어깨보다 높지 않아야 한다.

2 : 발보다 아래에 위치한 볼

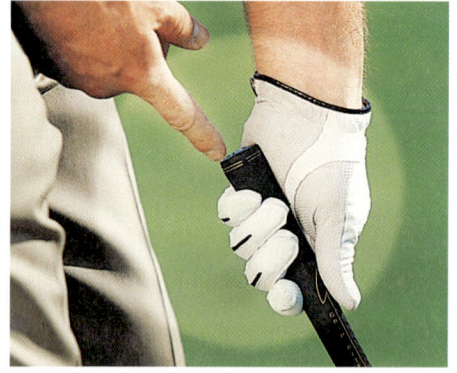

스핀을 시각화하라

발끝 내리막 라이에서는 슬라이스가 나올 것이 확실하다(오른손잡이의 경우 오른쪽으로 스핀). 볼은 오른쪽으로 튀어나가며, 손을 떨어뜨려 볼 때 구르는 방향으로 회전한다.

클럽을 가능한 길게 잡아라

손날 부분의 두툼한 부분이 그립 끝에 압력을 가하도록 하면서 그립의 모든 점을 활용하라. 클럽은 제어가 가능한 한도 내에서 길게 잡는다.

타깃의 왼쪽을 겨냥하라

팔, 엉덩이, 어깨는 홀의 왼쪽을 겨냥해야 한다. 이들은 볼이 날아가기 시작한 라인을 가리킨다. 이러한 라이에서 유발되는 스핀(cut spin)을 허용하려면 볼을 왼쪽으로 보내야 한다. 이러한 감각을 익히기 위해서는 클럽을 몸과 일직선이 되게끔 하여 몸에 대어 보라. 경사가 더 심해짐에 따라 좀더 왼쪽으로 오조준하여 겨눈다.

좀 더 구부려라

어깨와 볼 사이의 거리는 평상시보다 더 멀어져 있으므로 볼을 치기 위해서는 몸을 좀 더 구부려야만 한다. 엉덩이부터 구부려라. 그러면 척추가 좀 더 가파른 각도로 놓이게 되는데, 뻗은 척추를 곧게 유지하도록 노력하라. 엉덩이가 뒤로 돌출되는 것을 두려워하지 마라. 볼을 치기 위해 등을 구부리면 샷을 하는 동안에만 척추를 쭉 펴게 되어 심각한 척추 스트레스를 유발할 것이다. 따라서 평소보다 더 무릎을 구부려라. 몸을 낮추면 낮출수록 균형 감각은 더욱 좋아질 것이다.

수직에 가까운 백스윙

이 자세는 업라이트 스윙을 유발한다. 샤프트가 백스윙 중간쯤에서 거의 수직에 가까워진 것을 느낄 것이다. 이런 가파른 각도는 클럽 헤드가 볼에 자연스럽게 닿도록 한다.

균형 잡기 힘든 상황에서 스윙하는 법

완전히 평평한 코스에서 경기를 하지 않는 한 온갖 트러블 상황의 경사에서 볼을 깔끔하게 치는 능력은 필수다. 코스에서 오르막과 내리막 경사는 균형을 잃게 하여 좋은 샷을 치기 어렵게 한다. 많은 골퍼들은 이러한 라이에서 풀 스윙을 하는 동안 어떻게 균형을 잡아야 하는지에 대한 자신이 없다. 라이가 볼의 비행에 어떤 영향을 끼치는지에 대한 이해와 준비가 필요하다.

1 : 내리막 경사에서 스윙하기

스탠스를 타깃 방향에서 뒤로 이동하라

내리막 상황에서는 스윙을 하기가 어렵다. 스탠스의 중심을 앞쪽(타깃 방향으로 전진)으로 옮기면, 즉 볼을 오른발 쪽에 위치시키면 볼을 깔끔하게 칠 수 있다. 경사가 급할수록 볼을 오른발 쪽으로 옮겨라. 하지만 그 범위가 결코 오른발의 범위를 벗어나서는 안 된다.

경사를 따라 몸을 기울여라

셋업 시 몸을 타깃 방향(오른손잡이라면 왼쪽 어깨가 타깃을 향함)으로 기울여라. 경사면과 척추가 직각이 되도록 하라. 이때 지면과 척추 사이에 십자선이 있다고 상상하면 직각을 형성하는 데 도움이 된다. 어깨라인은 기울기를 반영해야 한다.

오른쪽 무릎을 낮춰라

타깃을 향해 몸을 기울이면 왼쪽에 체중이 더 많이 실릴 것이다. 이것을 보완하기 위해 오른쪽 무릎을 좀 낮춰 균형을 잡는다.

백스윙을 가파르게 하라

클럽 헤드를 지면에서 급하게 들어올린다. 이것은 약간 수직에 가까운 백스윙을 만들어 내는데, 잔디가 아닌 공을 치는 데 필요한 경사가 급한 다운스윙을 하는 것을 도울 것이다.

경사면을 따라 스윙하라

클럽 헤드가 임팩트를 하고 나서도 지면에 따라 스윙을 하라. 내리막 라이에서 깔끔한 스트로크를 할 수 있는 유일한 방법은 지면의 곡선을 확실하게 따라가는 스루스윙을 하는 것이다. 균형을 잃고 앞으로 꼬꾸라져도 걱정 말라. 오른편(뒤쪽)으로 체중이 남는 것보다 낫다.

2 : 오르막 경사에서 경기하기

볼을 타깃 라인 앞쪽으로 움직여라

이것은 경사진 언덕에서 들어 올리는 스윙을 하게 하므로 지면을 깎아 내는 위험을 피하게 한다. 왼발쪽으로 움직이되, 자신의 왼발 구두 코를 벗어나게 놓아서는 안 된다.

척추를 경사와 직각이 되게 하라

클럽으로 몸의 중앙과 일치하는 십자선을 만들라. 하나는 자신의 척추와 일직선이 되고, 다른 선은 경사면과 나란히 놓여 있다고 상상하라. 이것은 오른쪽 어깨를 떨어뜨리게 하여 타깃의 기울기로 몸이 기울어지게 한다.

볼의 진로 점검 사항

볼의 위치 : 오르막에서 치든 내리막에서 치든 볼의 위치를 높은 곳에 있는 발쪽으로 옮겨라. 즉 오르막에는 타깃 방향으로, 내리막에는 그 반대 방향으로 옮기라는 말이다.

타깃 라인

> ### 점검 사항
>
> 스루스윙에서 앞으로 체중 옮기기 : 체중은 어드레스와 스윙을 하는 동안 당신의 오른발에 더 실리는 경향이 있다. 연습 스윙을 통해 경사면에서 체중을 왼발쪽으로 이동시키는 감각을 키워라.
>
>

타깃의 오른쪽을 겨눠라

오르막 경사는 볼을 당겨(왼쪽) 치게 만드는 경향이 있으므로 몇 야드 정도 타깃 오른쪽으로 겨눈다. 경사가 급해질수록 오른쪽을 겨누도록 한다.

경사면을 따라 스윙하라

백스윙하는 동안 클럽이 지면을 낮게 지나가도록 하라. 백스윙과 마찬가지로 팔로스루시에도 클럽 헤드가 경사면을 따라 가도록 하라.

비거리를 제어하는 4가지 상황

40~50야드 정도 볼을 보낼 때 비거리를 조절하는 자신의 본능적인 감각을 믿어라. 당신의 의지대로 힘을 더하거나 줄일 수 있게 해 주는, 확실하면서도 배우기 쉬운 방법이 있다. 비거리 조절이 중요한—숏 벙커샷, 피치, 퍼트 그리고 골프 클럽을 선택해야 될 때 등—4가지 일반적인 상황을 살펴볼 것이며, 이와 같은 기술을 적용하는 방법을 보여 줄 것이다.

팔로스루에 집중하라

평상시에 비거리를 제어하는 것은 백스윙이라고 알려져 있다. 하지만 팔로스루를 조절하는 것이 더 좋다. 가슴을 조절함으로써 팔로스루의 길이를 변화시켜라. 다른 길이의 샷을 치기 위해 다른 자세로 가슴을 축으로 회전하라.

1 : 완벽한 피칭

25~75야드에서 피치 샷의 비거리를 제어하는 가슴 사용법에 집중하라.

69

25야드

가슴을 양손, 클럽과 함께 스퀘어 자세로 회전시켜라.
손과 클럽을 가슴 중앙에 오게 하라.

닉 프라이스Nick Price가 사용했던 방법
닉은 GIR(Green in Regulation)이 67.5%로, 최상위에 그룹에 속하는 골퍼다. 그의 피칭 기술을 볼 기회가 생기면 그때마다 잘 살펴보라. 그리고 그의 두 손과 두 팔이 축이 되는 그의 가슴과 완벽한 비율로 작용하는지도 살펴보라.

50야드

타깃을 바라볼 수 있도록 가슴을 약간 더 회전한다. 반드시 두 손이 회전하는 몸통 앞에 있게 하라.

75야드

가슴이 홀을 바라볼 때까지 몸을 회전시키고, 두 손과 클럽은 몸 앞에 있도록 한다. 이것은 클럽 샤프트가 당신의 타깃을 향하게 하라는 뜻이다.

2 : 짧은 벙커 샷

팔로스루의 길이를 제어함으로써 볼을 얼마나 멀리 칠 것인지 결정하라.

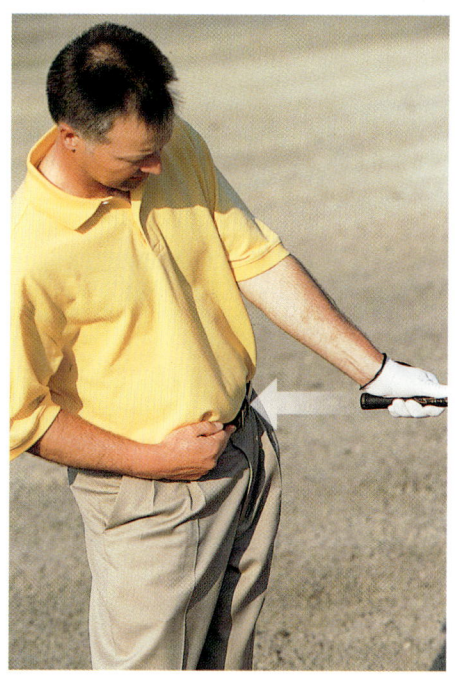

팔로스루를 줄여라

평상시처럼 볼의 몇 인치 뒤에 있는 모래를 치도록 겨냥하되, 팔로스루에서 두 손의 위치는 허리 높이에서 멈추도록 한다. 이것은 임팩트와 다운스윙에서 지나치게 빠른 속도를 내는 것을 방지한다.

팔로스루를 조절하라

샌드웨지의 그립의 끝이 벨트 버클을 향하고 있다고 상상하면서 자세를 잡아라. 이렇게 하면 벨트 버클을 약간 지난 팔로스루는 약간 긴 샷을 만들어 내고, 벨트 버클보다 약간 아래로 내려간 팔로스루는 약간 짧은 샷을 만들어 낸다.

3/4 백스윙을 하라

두 손은 어깨 높이에, 등은 타깃을 향하게 하고 체중은 양쪽 발에 똑같이 실리도록 하여 3/4 백스윙을 한다.

Quick tip

핀의 위치가 가까우면 또는 곤경에 처한 라이에서 볼을 가깝게 붙일 수 있는지를 정확히 판단해야 한다. 무엇보다 볼을 탈출시키는 데 집중해야 하는데, 3미터 이내로 가까이 붙이려다 탈출에 실패하고 다시 벙커샷을 하는 것보다는 3미터가 넘더라도 탈출하는 것이 좋다.

3 : 비트윈 클럽(3번 우드는 너무 길고 3번 아이언은 짧은 경우-역주)

항상 좀 더 긴 클럽(예 : 9번 아이언 대신 8번 아이언)을 선택하고 약간 약하게 쳐라. 그렇게 하는 3가지 방법이 여기에 있다.

1단계 : 그립을 짧게 잡는다

그립을 잡은 손과 그립 끝의 사이가 1인치 정도 되게 하라. 클럽을 이같이 짧게 잡는 것은 스윙 아크를 줄임으로써 파워를 감소시키는 것이다.

2단계 : 부드럽게 회전을 하라

왼쪽 어깨가 보이자마자 백스윙을 멈춘다. 이것은 정상적인 백스윙보다 작은 회전이다. 이것은 임팩트의 힘을 줄이는 반면 샷의 조절을 원활히 할 수 있게 한다.

3단계 : 3/4 스루스윙

팔로스루를 평소보다 짧게 한다. 사진과 같이 피니시하는 자신의 모습을 상상하라. 어깨는 완벽한 균형을 이루고, 두 손은 머리 높이에 있고, 클럽은 하늘을 향하고 있다. 자연스럽게 뻗은 클럽을 보면 볼이 핀까지 잘 날아갈 것이라는 확신이 든다.

4 : 정확한 퍼팅

스트로크 거리와 그립의 압력을 조절하는 능력이 퍼팅 감각을 단련하는 열쇠다.

클럽을 진자로 사용하라

1단계 : 골프공 상자 3개를 그림처럼 샤프트를 따라 약 30cm 간격으로 놓아둔다. 공을 중간에 놓인 상자와 마주보게 놓고 평상시 퍼팅 어드레스 자세로 셋업한다. 퍼터 헤드가 맨 뒤쪽 상자에 이를 때까지 길게 백스윙한다.

2단계 : 이제 퍼터 헤드를 맨 앞쪽 상자에 이를 때까지 밀고 나간다. 백스윙과 스루스윙을 같은 거리로 스윙하는 것은 볼의 속도를 일정하게 하는 첫 번째 단계다. 이것이 바로 '진자 스트로크'로, 퍼팅이 길어지면 진자 스윙도 커진다.

퍼팅 점검 사항

부드러운 두 손 : 퍼터를 두 손으로 가볍게 쥐어라. 부드럽게 잡으면 퍼터 헤드의 감각을 잘 느낄 수 있어 퍼팅을 정확하게 측정할 수 있다.

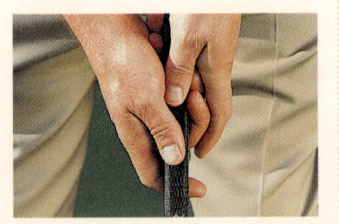

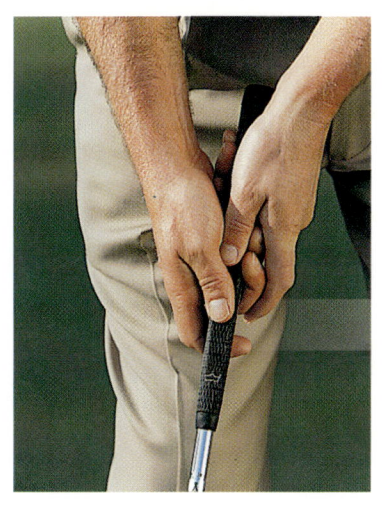 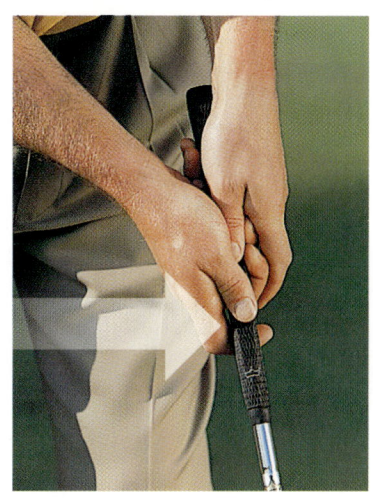

짧은 퍼팅 – 두 손목이 흔들리지 않게

오른손목의 등부분을 보라. 오른손목 등부분의 각도가 짧은 스트로크 동안 지속되도록 하라. 손목의 움직임이 없어야만 정확성이 생명인 짧은 퍼팅에서 퍼터 헤드 스퀘어를 유지할 수 있다.

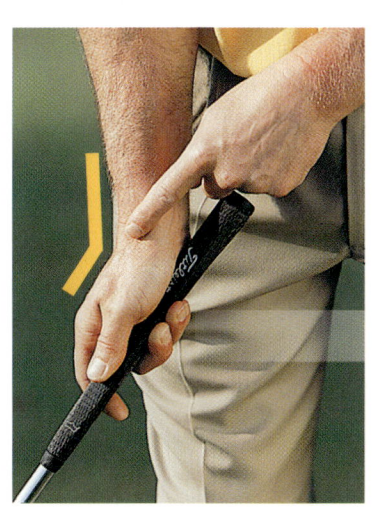 

긴 퍼팅 – 두 손목은 유연하게

오른손목을 백스윙의 경첩처럼 활용하라. 이것은 홀까지 거리를 커버해 줄 힘을 만들어 낸다. 팔로스루를 할 때 오른손이 풀어지도록 두면 손등이 거의 평평해진다. 이런 유연성은 퍼팅 감각을 키워 줄 것이다.

좋은 점수를 내기 위한 숏 게임

어니 엘스가 18홀 중에서 몇 번이나 기준 타수 안에 온 그린한다고 생각하는가? 16홀? 17홀? 정답은 12홀이다. 공식적인 PGA 투어 통계에 의하면, 2002 시즌에서 온 그린 비율은 64.4%였다. 이것은 한 라운드 당 약 6홀을 놓친 것이라는 계산이 나온다. 아직도 여전히 일정하게 언더 파로 잘 치고 있는데도 말이다. GIR 리스트의 최상위권인 타이거 우즈도 한 라운드당 4개의 그린을 놓친다. 이러한 통계를 보면, 그린 위의 얼마나 잘 올리느냐보다 그린을 놓치고 나서 어떻게 하는가가 점수를 결정한다는 것을 알 수 있다. 최고 수준의 골퍼들은 면도날처럼 날카로운 치핑과 피칭 기술을 갖고 있으며, 벙커에서 빠져나오는 데 뛰어나다. 여기서는 이 3가지 부문―치핑, 피칭, 벙커샷―과 프로들의 몇 가지 비밀을 알려 줄 것이다.

1 : 치핑－한 동작, 다른 종류의 클럽

온 그린에 실패했다는 것은 여러 종류의 칩샷을 해야 한다는 의미다. 하지만 칠 때마다 기술을 바꿀 필요는 없다. 한 가지 치핑 동작을 배우고 클럽만 간단히 바꾸면 된다. 그린에 올리기 위해서는 칩샷을 여러 가지 캐리와 런의 비율로 나눌 필요가 있다.

❶ 짧은 칩샷 : 75% 캐리, 25% 런－샌드웨지
❷ 중간 칩샷 : 50% 캐리, 50% 런－9번 아이언
❸ 긴 칩샷 : 25% 캐리, 75% 런－7번 아이언

2 : 항상 일정한 셋업

어떤 클럽으로 플레이하든 볼을 두껍게 치는(뒤땅)일이 절대 일어나지 않을 것이라고 확신하라. 클럽이 볼에 닿기 전까지는 잔디를 치지 말고 볼을 깔끔하게 쳐 낸다. 이때는 다운 스트로크 임팩트가 가장 좋은 방법이다. 내리막 임팩트를 촉진하는 어드레스를 하라.

샤프트의 금속 부분까지 내려잡아라

이 방법은 두 손이 클럽 헤드를 조절하는 감각을 더 많이 느끼게 한다. 클럽을 이렇게 '짧게' 잡으면 조금 강한 힘을 이끌어내어 볼을 흔들림 없이 깔끔하게 칠 수 있게 한다.

왼팔은 앞으로 밀어라

왼팔을 샤프트와 일직선을 이루도록 한다. 이 동작은 두 손이 볼의 타깃 방향으로 움직이도록 도와주어 힘 있는 다운 스트로크를 만들어 낸다.

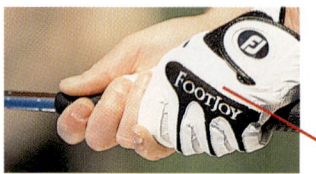

두 발을 가까이 모아라

스탠스 간격을 클럽 헤드의 길이 정도로 한다. 이런 샷에서는 몸의 움직임을 최소화해야 한다. 넓은 스탠스는 안정성을 증가시키고 몸을 움직이는 데 자유로운 반면 좁은 스탠스는 몸 동작을 제한한다.

체중은 왼발을 선호한다

이것은 볼을 정확하게 내리칠 수 있게 한다. 다운스윙 시 임팩트를 정확하게 한다.

3 : 매번 같은 스윙

어떤 클럽을 사용하더라도 한 가지 동작으로 치핑하도록 하라. 클럽 페이스의 각기 다른 로프트가 볼을 다른 길이와 궤도로 보낼 것이다.

오른손목을 경첩처럼 사용하라

백스윙할 때 오른손목의 뒷부분에 집중하라. 손목의 구부림(코킹)을 증가시키기 위해서는 스윙이 충분히 부드러워야 한다. 이렇게 하면 다운스윙 각도가 가파르게 되어 볼이 두껍게 맞는 것을 예방하고 손의 감각이 좋아진다.

'Y'자를 유지하라

당신의 두 팔과 클럽 샤프트는 어드레스할 때 Y자를 만들어 내야 한다. 두 손으로 볼을 가볍게 움직이는 것을 피하도록 돕는 당신의 마지막 포지션까지 Y자를 유지하도록 하라.

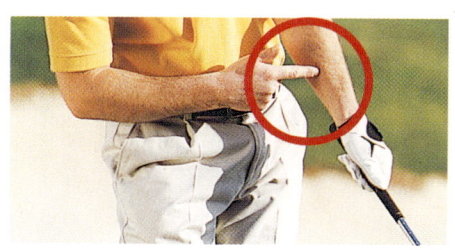

왼팔을 체크하라

팔로스루의 끝부분에 도달했을 때 자세를 멈춰라. 당신의 왼팔과 클럽 샤프트가 아직도 일직선상에 있는지 점검하라.

내려서 쳐라

클럽 헤드와 지면 사이에 벙커샷을 치려는 것처럼 볼을 내리쳐라. 부드럽게 디봇을 파내는 것을 목표로 하라.

1 : 피칭 - 기술 습득에 앞서 자신의 비거리 파악하기

우선은 공을 얼마나 멀리까지 칠 수 있는지를 알아야 한다. 자신의 비거리를 정확하게 측정하지 못하면, 숏 게임을 할 때마다 고군분투해야 할 것이다.

자신의 비거리를 알아라

거리를 알기 전에는 기술에 대해 걱정할 이유가 없다. 자신의 치수를 모르는 사람이 옷이 잘 어울리기를 기대하지 않듯이 말이다. 하물며 볼을 얼마나 멀리 보낼 수 있는지도 모르면서 어떻게 볼을 목표 가까이 보내기를 기대할 수 있겠는가?

볼을 정확한 거리만큼 보내는 데 필요한 스윙의 크기를 알아야 볼을 항상 일정하게 목표에 가까이 보낼 수 있다. 이 훈련은 연습장에서 할 수 있다. 공을 보내는 데 힙투힙(엉덩이에서 엉덩이로) 스윙이나 숄더투숄더(어깨에서 어깨로) 스윙이 얼마나 멀리 가는지를 배워라.

2 : 팔과 몸통을 함께 움직여라

치핑 동작에서는 두 팔과 몸의 움직임을 일치시키는 것이 매우 중요하다. 정확한 기술을 강화하는 간단한 기술을 알아보자.

동시에 회전하라

오른손으로 웨지를 잡고 왼손은 가슴을 가로질러 클럽 샤프트를 잡는다. 몸통 회전이 팔의 스윙과 일치하여 움직이는지를 확인하며 연습 스윙을 다섯 번 한다. 스윙을 길게 할수록 회전 또한 더하게 되고, 스윙을 짧게할수록 회전을 적게 하게 된다. 당신의 몸이 두 팔과 함께 회전하지 않는다면 당신은 볼 앞의 지면을 치거나(뒷땅), 볼의 중심선 부분을 치거나(탑볼), 또는 궤도에서 벗어나는 샷(헛스윙)을 하게 될 것이다. 당신의 팔이 길게 스윙하면 몸의 회전도 함께 증가해야 한다. 모든 것이 동시에 움직이도록 하라.

> ### 리 트레비노 Lee Trevino가 사용했던 방법
> 리 트레비노는 비거리가 짧았지만 훌륭한 스코어를 내는 선수였다. 그는 피칭에 몇 시간씩 투자하곤 했다. 언젠가 그가 말했다. "당신은 평균적인 골프 클럽으로 드라이브 업 할 수 있고, 피치 앤 런 샷을 하는 모든 골퍼들을 위한 세 마리의 공룡을 본다."

벙커의 악몽에서 깨어나라

라이가 평범하고 스탠스가 평평하다 해도 벙커에서 빠져나오는 것은 쉽지 않다. 원래 벙커샷은 익숙하지 않은 경사와 라이에서 트러블샷으로 탈출하는 플레이를 의미한다. 여기서는 벙커에서 맞부닥뜨리는 4가지의 까다로운 상황과, 그 상황에서 성공적으로 플레이하는 방법을 알려줄 것이다. 각각의 상황에서 성공적으로 빠져나오기 위해선 스윙은 물론 셋업을 조절하는 데도 신경을 써야 한다. 셋업의 기술을 간과하지 말라. 셋업 기술이 성공적인 스윙을 보장한다.

악몽 1 경사가 심한 오르막

이 경사지에서는 전혀 구르는 것 없이 공중으로 높게 볼을 보내야 한다. 여기에서의 어려움은 벙커로 볼이 되돌아오는 것이다. 샌드웨지로 모래를 공격적으로 쳐내는 샷은 볼을 공중을 날아서 재빨리 그린에 착지하게 한다.

1 : 셋업하라

❶ 오른쪽 다리를 곧게 펴라 : 모래에 자신을 고정시키기 위해 오른다리를 곧게 편다.

❷ 클럽 페이스는 스퀘어로 하라 : 일반적인 벙커샷은 각도를 더하기 위해 오픈 페이스(타깃의 오른쪽을 향하는)를 만들게 된다. 그러나 오르막 슬로프는 이미 로프트가 높은 상태이므로 그럴 필요가 없다.

❸ 볼은 스탠스 중앙의 앞에 있도록 하라 : 볼 뒤에 있는 모래를 강하게 내리칠 수 있는 샷이 필요하다. 볼을 스탠스 중앙에서 타깃 방향으로 놓으면 볼 뒤에 있는 모래를 칠 확률이 높아 탈출하기가 어려워진다.

2 : 짧고 날카롭게 스윙하라

백스윙

스루스윙

백스윙을 테스트하라

넓은 스탠스는 백스윙을 제한하여 백스윙을 크게 할 경우 균형을 잃을 수 있다. 자세와 안정성이 흐트러지지 않으려면 백스윙을 연습하라.

모래를 강하게 쳐라

볼 뒤에 있는 모래를 공격적으로 친다. 모래를 쳐낼 때 생긴 충격파는 볼을 위로 띄우고 벙커 바깥으로 나가게 만든다. 오르막은 볼을 앞으로가 아니라 위로 띄워 보내야 한다. 볼이 멀리 날아갈 것이라는 걱정은 버려라.

악몽 2   경사가 심한 내리막

볼 뒤쪽의 모래 경사가 높은 벙커에서는 모래와 볼 밑으로 클럽 헤드를 스윙하기가 매우 어렵다. 타격 각도에 변화를 주기 위해서는 경사를 따라 몸을 기울여야 하며, 클럽 헤드가 모래를 한 움큼 떠내도록 해야 한다. 이렇게 하면 볼이 낮게 굴러간다.

Quick tip
이런 샷을 할 때 기억해야 할 것.
1) 클럽의 로프트를 믿어라. 로프트를 일부러 만들지 마라.
2) 날카롭게 내리칠수록 볼은 높이 떠오른다.

경사와 같이 몸을 기울여라

어깨와 엉덩이가 경사면과 평행이 되도록 몸을 기울여라. 그러면 클럽 헤드가 모래와 함께 공의 아랫면을 치게 된다. 이 자세에서는 왼발에 체중이 더 실리는 것을 느낄 수 있다. 두 무릎은 균형을 잡기 위해 똑같이 구부린 상태를 유지한다.

1 : 셋업하라

❶ 두 발의 폭을 넓혀라 : 넓은 스탠스는 안정감을 높여 줄 뿐만 아니라 상체를 낮춰 주어 쉽게 볼 뒤의 모래를 쳐 내게 한다.

❷ 오픈 페이스를 더 오픈하라 : 볼은 내리막 라이에서 평소보다 더 낮게 나가게 될 것이다. 벙커 언덕을 넘기 위해서는 클럽 페이스를 오픈하여 로프트가 더욱 커지게 해야 한다.

❸ 볼은 스탠스 중앙에서 뒤에 있게 하라 : 이것은 볼을 위로 쳐서 볼이 벙커 언덕을 넘도록 하는 타격 각도를 제공한다. 이와 같은 샷을 할 때는 셋업이 스윙만큼 중요하다.

2 : 경사를 급하게 하여 모래면을 따라 스윙하라

스윙을 가파르게 하라

손목을 꺾어 클럽을 위로 날카롭게 올려라. 볼 뒤의 모래를 치기 위해 가파르게 내려오는 움직임을 만들어야 한다. 정확한 셋업이 이 동작을 성공하기 쉽게 한다.

경사면을 따라가라

팔로스루에서는 가능한 한 클럽 헤드가 지면 위로 낮게 지나가게 유지하라. 볼을 공중으로 떠우려 한다면 클럽은 모래 속에 처박히고 말 것이다. 타격하는 동안 자세를 낮추는 것을 돕도록 두 무릎을 구부린 자세를 유지하라.

악몽 3 | 롱 샷

아주 적은 양의 모래로 인해 터무니없는 페어웨이 벙커샷으로 바뀌어 굴욕적인 20야드 실수로 이어진다. 효과적인 페어웨이 벙커 기술이란 볼을 깔끔하게 쳐내는 것이다. 볼을 깔끔하게 쳐내기 위해 셋업을 활용하고 자신의 키 높이를 유지하라.

1 : 셋업하라

❶ 발을 땅에 묻지 마라 : 많은 골퍼들이 자동적으로 모래 속으로 발을 비비적거린다. 롱 트랩샷을 하려면 이러한 행동은 자제해야 한다. 왜냐하면 모래에 빠져 키가 낮아져 볼 뒤에 있는 모래를 칠 가능성이 높아지기 때문이다.

❷ 볼은 스탠스 중앙에서 앞에 위치시켜라 : 볼을 쓸고 지나갈 때 클럽을 올리거나 떨어뜨리는 것을 원치 않을 것이다. 그림은 그런 타구를 증진시키는 완벽한 자세다.

❸ 전완근을 긴장시켜라 : 이것은 스윙을 간결하게 하고 손목의 움직임을 줄여 준다. 힘은 떨어지지만 정확한 임팩트를 만들어 준다.

❹ 클럽을 1인치 내려잡아라 : 클럽을 짧게 잡으면 깔끔하게 가격할 수 있다.

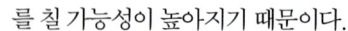
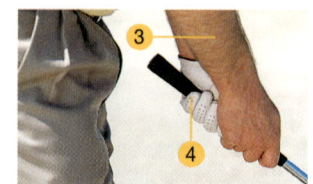

2 : 스윙—자신의 키 높이를 유지하라

손등을 아래턱 밑에 두라

손등을 아래턱 밑에 두고 스윙한다고 상상하라. 이것은 스윙하는 동안 키 높이를 유지하는 감각을 발달시킨다. 많은 골퍼들이 높이를 유지하는 데 실패하여 좋은 샷을 망쳐 버리고 만다.

스윙을 경제적으로 하라

볼을 지나치게 강하게 치려다가는 미끄러지기 쉽다. 동작을 평소의 3/4으로 유지하면 스윙이 간결해진다. 특히 정확한 타격을 만들어 내는 데 유용하다. 거리를 늘리려면 로프트가 작은 클럽을 선택한다.

Quick tip
벙커샷을 길게 하려면 디봇이 얇아야 한다. 클럽은 모래를 살짝 떠내는 역할만 한다. 디봇을 두꺼운 스테이크가 아닌 얇은 슬라이스 햄이라고 생각해 보라.

| 악몽 4 | 딱딱한 모래 |

엄청난 양의 비가 내린 다음 벙커샷을 치게 될 때가 있다. 물에 흠뻑 젖은 모래는 콘크리트처럼 견고하다. 이때는 일반적인 벙커샷 대신 치핑샷으로 플레이하라.

1 : 셋업을 만들어라

❶ 볼은 뒤에 : 볼을 스탠스의 오른발 쪽에 위치시키고 플레이하라. 오른발뒤꿈치 안쪽이 완벽한 위치다. 이렇게 하면 당신이 필요로 하는 다운스윙을 미리 조정해 놓는 셈이다.

❷ 스탠스는 좁게 : 스탠스를 좁힘으로써 몸의 움직임을 줄일 수 있다. 머리가 고정되어 볼을 정확히 칠 수 있다.

❸ 체중을 앞으로 : 체중이 왼쪽에 실리도록 하라. 이것은 볼 뒤쪽을 다운블로로 정확하게 내리칠 수 있게 한다.

> **세베 발레스테로스 Seve Ballesteros가 사용했던 방법**
> 이런 샷을 가장 훌륭하게 하는 대표 주자가 스페인 골퍼 바예스테로스다. 그의 비밀은 딱딱한 모래에서는 몸의 움직임을 최소로 줄인 채 유지하는 것이다.

2 : 두 손이 클럽 헤드를 리드하도록 스윙하라

백스윙

스루스윙

짧게 유지하라

볼은 벙커에서 빠르고 낮게 나올 것이다. 두 손과 두 팔의 동작을 사용하여 전통적인 칩샷을 위해 가능한 짧은 백스윙을 유지하라.

같게 유지하라

백스윙과 스루스윙을 같은 길이로 유지하라. 이것은 볼을 가볍게 치는 것을 막아 준다.

임팩트

볼을 스탠스 중앙에서 뒤쪽(오른발 쪽)에 놓음으로써, 셋업 시 자동으로 양손을 클럽 헤드 앞에 놓을 수 있다. 그리고 볼을 칠 때(임팩트 시) 도 위 자세를 유지하라. 그러면 클럽이 볼을 통과할 때 양손이 리드하는 핸드퍼스트 자세가 유지될 것이다.

디봇을 체크하라

1 : 이것은 전통적인 벙커샷에 필요한 전형적인 모래 디봇이다. 모래의 중간에 있는 볼이 당신이 치는 볼이다.

2 : 견고한 라이에서 샷을 칠 때 당신은 당신이 모래 디봇의 시작 부분으로 볼을 옮겨야만 한다. 당신이 일반적인 페어웨이샷을 할 때처럼 말이다.

1 : 젖은 모래　2 : 일반 모래
샷의 방향

벙커-가파른 각도로

짧은 샷-가파른 각도로 치는 것을 상상하라

짧은 트랩샷에서는 볼이 빠르게 움직여 떠야 한다. 가파른 각도의 타구는 그런 궤도를 제공할 것이다. 클럽 헤드가 임팩트 순간 밥공기 모양처럼 임팩트 각도가 되도록 상상하라.

Quick tip
말보다는 이미지에 집중하는 것이 쉽다. 머릿속에 받침 접시를 떠올려라. 그런 다음 문제가 된다고 생각하는 다른 샷에 대해 유사한 이미지를 이용하라.

셔츠 단추가 볼의 바로 위에 오도록 하라

체중이 발 앞부분과 무릎에 더 실리게 한다. 그러면 가슴이 앞으로 기울어지는데, 이런 동작은 가파른 각도로 타격하게 하고, 더 많은 에너지가 모래로 전달되도록 한다.

가파른 각도로 날카롭게 백스윙하라

두 손과 손목을 빠르게 움직여 클럽 헤드를 들어 올려 날카로운 백스윙을 만든다.

모래를 강하게 쳐라

볼 뒤쪽 모래를 날카롭게 내리쳐라. 셋업과 백스윙에 변화를 준 뒤로 이것이 매우 쉬워졌음을 알게 될 것이다. 가파른 타격 각도는 볼을 재빨리 그리고 부드럽게 위로 띄울 것이다. 짧은 벙커샷에 완벽한 방법이다.

쓸어서 쳐라
롱 샷 – 빗자루로 쓸어간다고 상상하라

얇은 스윙은 볼이 평탄한 궤도로 나가게 한다. 이번에는 짧은 샷에서 이미지화했던 밥공기가 아닌 접시의 각도로 타격하는 것을 상상해 보라.

셔츠 단추가 볼의 뒤에 오도록 하라

체중을 양쪽 발에 골고루 배분하고 오른쪽 무릎을 약간 구부린다. 그러면 몸이 홀에서 약간 멀어져 기울어진다. 이렇게 하면 얇은 스윙 즉 얕은 각도로 타격하게 되어 볼이 멀리 간다.

넓고 얇은 백스윙을 하라

이번에는 클럽 헤드를 모래 면 가까이 두면서 테이크어웨이를 더 길게 유지한다. 이것은 넓고 얇은 타격을 만들어 내어 비거리를 늘려 줄 것이다.

스루스윙을 완성하라

모래로 내리치는 대신 볼을 앞쪽으로 걷어내라. 길고 완전한 팔로스루 스윙을 하라. 벙커가 길수록 샷도 길어진다.

골프에 대한 잘못된 믿음을 타파하라

골프처럼 그릇된 정보가 많은 스포츠도 드물다. 그 정보는 대부분 골프를 플레이하기가 쉽지 않기 때문에 생긴 선의의 조언들이다. 하지만 잘못된 정보는 그만큼 골퍼의 플레이를 방해한다. 이번 장에서는 잘못된 정보를 확인하고 바로잡아 그로 인한 피해를 줄이는 데 주력할 것이다. 코스 곳곳에서 벌어지는 상황을 이해하고, 골퍼가 따라 할 수 있는 훨씬 나은 레슨을 제공할 것이다. 당신이 성공시키고 싶어 하는 모든 샷과 스윙 역학을 이해하게 될 것이다.

오해 1 : 체중을 이동시켜라

문제점

대부분의 골퍼는 백스윙 탑에서 체중이 볼의 뒤쪽 즉 자신의 오른발에 실려야 하는 것으로 알고 있다. 하지만 그렇게 시도하자마자 실패하고 만다. 엉덩이는 옆으로 튀어나오고, 체중은 오른발의 바깥쪽에서 왔다갔다한다. 이래서는 균형도, 파워도 그 아무것도 유지할 수 없다.

체중을 회전하라

1단계 : 우산을 당신의 오른발 바깥쪽 6인치 떨어진 곳에 오른 다리와 평행이 되도록 지면에 꽂아 세워 두라. 왼쪽 어깨의 앞에서 오른팔로 5번 아이언 헤드 부분을 잡고 있다. 샤프트는 타깃을 향하게 하라. 체중은 양쪽 발에 골고루 분산되게 한다.

2단계 : 클럽 헤드와 샤프트를 왼쪽 어깨에 기댄 채 천천히 부드럽게 회전하라. 회전할 때 샤프트와 지면이 평행을 이룬다.

3단계 : 여전히 클럽 헤드를 왼쪽 어깨에 기댄 채로 유지하라. 회전할 때 오른다리가 그 자세를 유지하도록 하면서 처음 시작했던 자세보다 우산에 더 가까이 가지 않도록 하라. 회전을 끝냈을 때 당신은 체중이 구부러진 오른 다리로 옮겨져 있으며 몸이 강력하게 꼬여 있음을 느낄 수 있을 것이다. 이것이 효과적인 체중 전달이다.

그 자세를 유지하라

샤프트가 떨어져서 지면을 가리키고 오른쪽 엉덩이는 우산 쪽으로 움직이는 것을 지켜보라. 이것이 습관화된 '체중을 미는' 자세다. 샤프트는 수평을 유지하고 오른쪽 엉덩이는 제 위치를 사수하는 것을 반드시 기억하라.

오해 2 : 임팩트 순간 어드레스 자세로 돌아오라

문제점

임팩트 순간 어드레스 자세로 돌아오려고 한다면 힘없는 더프(duff : 골프 공의 바로 뒤 지면을 내리치는 샷)를 하게 될 것이다. 그렇게 되면 타깃을 향해 강력한 팔로스루를 할 수 없게 되고, 클럽 헤드가 임팩트 순간에 내려가는 대신 올라가 공의 중심부를 치는 탑볼을 치게 될 것이다.

어드레스 : 샤프트를 약간 목표 쪽으로 기울여서 그립 끝이 헤드보다 홀에 더 가까이 위치하게 한다.

임팩트 : 볼에 최고의 힘을 가하기 위해서는 내려가면서 맞는 동작이 필요하다. 손은 볼보다 약간 앞에 있어야 한다.

두 가지 중요한 차이를 배워라

엉덩이 위치

어드레스 : 엉덩이는 타깃 라인과 일치하게 하라. 타깃을 향하는 게 아니라 타깃의 왼쪽과 평행하게 있게 하라.

임팩트 : 당신에게 필요한 힘은 엉덩이의 회전력이므로 클럽 샤프트가 타깃 라인보다 더 왼쪽으로 돌아가야 한다.

샤프트 각도

두 손과 팔에 팔로스루를 위한 공간을 확보하려면 왼쪽 엉덩이가 타깃 라인에서 벗어나야 한다. 스윙하는 클럽과 함께 오른쪽 무릎을 앞으로 이동하라. 이 단순한 움직임이 엉덩이가 왼쪽으로 부드럽게 회전하도록 한다.

오해 3 : 클럽 샤프트는 백스윙 탑에서 수평을 이룬다

문제점

탑에서 클럽 샤프트가 지면과 평행을 이루면 깔끔해 보이고 균형이 잡힌 것처럼 보인다. 하지만 이것은 완전한 백스윙이 아니다. 제대로 된 백스윙은 손목이 90도로 꺾이고 어깨가 충분히 회전된 것이다.

45도 각도 훈련

1단계 : 클럽을 가슴 앞에서 잡되, 손의 높이 또한 가슴 위치에 둔다. 샤프트의 각도가 45도가 될 때까지 기울이거나 오른쪽 어깨 쪽으로 기울여라.

2단계 : 가슴을 가능한 많이 회전시켜라. 회전할 때에 두 손은 가슴 앞에 고정시켜라. 당신의 어깨가 더 이상 회전할 수 없을 때, 이것이 완전한 백스윙이다. 클럽 샤프트가 평행이든 아니든 아무 상관이 없다.

타이거 우즈Tiger Woods가 사용했던 방법

타이거 우즈의 클럽 샤프트는 항상 수평에 도달하지 않았지만 그의 백스윙이 충분하지 않다고 비난하는 사람은 없다. 거대한 어깨 회전, 유연하게 꺾이는 손목 관절을 보라. 타이거 우즈를 거울삼아 백스윙 이미지를 완성해 보자. 백스윙 탑에서의 샤프트 위치에 대해서는 생각조차 하지 말라.

오해 4 : 머리를 들어올리지 마라

문제점

볼의 윗면을 치는 샷의 대부분은 머리를 들어올리기 때문이라는 지적을 받는다. 하지만 골퍼 10명 가운데 9명은 머리를 그렇게 하지 않는다. 지나치게 머리를 고정하려고 애쓰면 오히려 몸이 굳어진다. 이것은 팔의 움직임을 부자연스럽게 하고, 임팩트 후의 팔로스루까지 방해한다. 이 때문에 임팩트 후 가슴이 들려—떠내는 동작을 만들어—볼의 위쪽을 치게 되는 것이다.

임팩트 내내 높게 서 있어라

1단계 : 셋업하라. 친구에게 맞은편에 서서 골프 클럽의 그립 부분을 당신의 머리 윗부분에 부드럽게 놓아달라고 부탁하라.

2단계 : 임팩트 순간 샤프트에서 머리가 떨어지지 않도록 샷한다. 두 손과 두 팔을 밀어내는 일정한 형태를 만들었을 때 볼 밑 부분으로 클럽 헤드를 내려 보내는 것이 매우 쉽다는 것을 알게 될 것이다.

당신의 키 높이를 유지하라

임팩트 후에 머리를 떨어뜨리지 않도록 하라. 볼을 친 뒤에 머리 높이가 낮아져서는 안 된다.

오해 5 : 백스윙을 하고 타깃을 향해 곧게 팔로스루를 하라

스퀘어 클럽 페이스로 볼을 지나 곧게 스윙하면 볼이 곧장 직구로 날아갈 거라는 얘기는 논리적으로 들린다. 하지만 사실 이것은 뻣뻣하고 힘없는 임팩트를 유발한다. 정확한 스윙 궤도는 원형으로서, 클럽 헤드가 부드럽게 둥근 호를 그리며 가고 임팩트 순간 스퀘어 자세가 된다는 의미다.

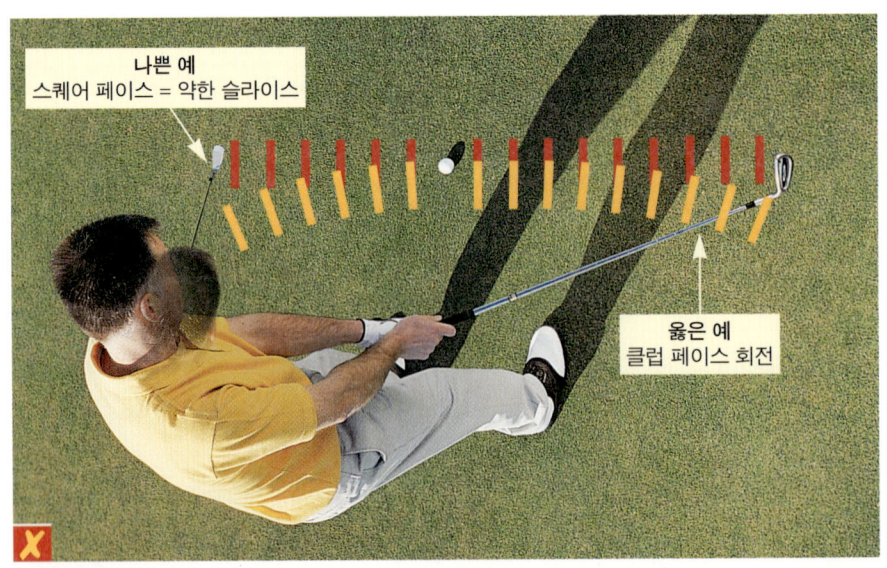

나쁜 예
스퀘어 페이스 = 약한 슬라이스

옳은 예
클럽 페이스 회전

임팩트에서 페이스를 정면으로 유지하려는 시도는 오히려 역효과를 낳고 슬라이스를 유발한다.

Quick tip

클럽 페이스를 직각으로 계속 유지하려는 의도적인 동작보다는 클럽 페이스를 회전하게 두는 것이 정확한 스윙의 열쇠다. 클럽 헤드는 적절하게 아크(원)를 그리며 나아가야 한다. 이것이 억지로 직각으로 그대로 가져가는 것보다 자연스런 움직임이다.

클럽을 느껴라

1단계 : 9번 아이언을 오른손만으로 금속 부분까지 내려잡는다. 왼손으로는 맞대응하는 오른쪽 팔꿈치를 잡는다. 오른쪽 팔꿈치가 옆구리에 밀착된 것을 확인하며 1/2 백스윙을 한다. 클럽 페이스가 어떻게 클럽의 출발 지점에서부터 클럽 끝이 타깃을 가리키는 지점으로 자연스럽게 회전하는지를 느껴라.

2단계 : 반대 방향도 같은 방법으로 해 본다. 왼손으로 클럽을 잡고 오른손으로 맞대응하는 왼쪽 팔꿈치를 잡는다. 왼쪽 팔꿈치가 옆구리에 밀착된 것에 주의하면서 1/2 팔로스루 스윙을 한다. 이번에는 클럽 헤드가 토우가 타깃을 가리키는 지점에서 스윙과 함께 자연스럽게 회전하는지를 점검한다.

마인드 존 Mind Zone

골프에서 기술은 매우 중요하지만 단순히 기술만 중시해서는 안 된다. 왜냐하면 최고의 선수들이 지속적으로 증명해 왔듯이 게임은 신체뿐만 아니라 마음(정신력)까지 포함하기 때문이다. 만약 강한 정신력이 요구되는 상황에서 마인드 컨트롤이 안 되거나 부정적 사고를 하게 되면 기술적 능력이 저하되고 게임이 어려워져 좋은 결과를 기대하기 어렵다.

유명한 스포츠 심리학자인 칼 모리스 Karl Morris는 생각과 느낌을 어떻게 활용하는지, 그리고 시각화와 자기 인식이 게임을 어떻게 향상시키는지를 보여 준다.

집에서 연습하라

골프 코스에서 라운딩하지 않아도 스윙을 향상시킬 수 있다. 제럴드 커피 Gerald Coffee 장군은 베트남 전쟁 중에 총을 맞았고, 7년간 북베트남에서 감옥 생활을 했다. 그런데 그는 날마다 자신의 집 앞에 있는 골프장에서 완벽한 경기를 하고 있다는 정신 훈련을 했다. 석방된 뒤에는 골프장에 갔고, 그는 자신이 생각해 온 경기를 완벽하게 플레이했다. 이와 비슷한 예로, 사람들은 역기를 들어올리는 상상을 통해 신체적으로 더 강해진다고 한다. 이처럼 시각화 Visualization는 중요한 연습 방법 가운데 하나다.

긴장을 풀고 즐겨라

긴장을 풀어라. 방해받지 않는다고 여겨지는 조용한 곳에 앉아라. 기분 전환은 확실하게 한다.

완벽한 스윙을 상상하라

영화를 보듯 자신이 스윙하는 이미지를 상상하라. 최고의 스윙, 최고의 샷을 하고 있다고 상상하라. 감각을 동원하여 가능한 한 생생한 심상을 만들어라.

시각 : 셔츠의 색깔은 무엇인가? 잔디는 얼마나 파릇파릇한가? 하늘은 얼마나 파란가? 피니시 자세는 무엇과 닮았는가? 경기하는 사람은 누구인가? 그 사람은 어떤 옷을 입고 있는가?

청각 : 새들이 지저귀고 있는가? 팔을 뻗거나 회전할 때 옷에서 어떤 소리가 나는가? 임팩트 소리는 어떠한가? 완벽한 샷을 한 뒤에 동반자들이 무슨 말을 하는가?

감각 : 바람과 태양이 어떻게 느껴지는가? 손에 든 클럽이 어떻게 느껴지는가? 회전을 끝냈을 때 셔츠가 턱을 스치고 지나가는 순간의 느낌은 어떠한가? 완벽한 팔로스루 시 팔의 느낌은 어떠한가?

게리 플레이어 Gary Player

남아프리카의 전설적인 골퍼 게리 플레이어는 1965년 미국 미주리 세인트루이스의 Bellerive에서 열린 US Open에서 리더보드의 꼭대기에 올라 있는 금색 글씨로 된 자신의 이름을 상상했다. 그는 9회의 메이저 우승 중 4회 우승했다.

코스에서 경기하는 자신의 모습을 상상하라

어려운(긴 퍼트나 위험한 벙커 샷) 골프 코스에 당신이 있다고 생각하라. 그리고는 성공적으로 플레이하는 당신을 상상하라. 이러한 상상은 다음에 당신이 그 위치에 섰을 때 자신감을 주어 긍정적인 감정과 느낌을 가져다 준다.

거울을 이용하라

완벽한 스윙 이미지를 만드는 것이 어렵다면 거울 앞에서 도전해 보라. 문제가 되는(테이크 어웨이와 백스윙 탑)상황을 되풀이하라. 이를 통하여 좋은 스윙이 필요하거나 코스 밖에 있을 때 항상 회상할 수 있는 확실한 시각적 그림을 만들면 된다.

눈을 감고 스윙하라

천천히 눈을 감고 스윙하라. 감각에 집중하라. 이것이 어떻게 느껴지는가? 어떤 프로의 움직임과 가장 비슷한가? 이것은 당신이 생각하는 가장 이상적인 스윙 모습으로, 이를 통해 몸과 마음의 능력을 향상시킬 수 있도록 해야 한다.

새로운 움직임을 심어 주라

근육은 한 번에 한 가지 새로운 움직임을 기억할 수 있다. 좋은 스윙을 위해 지나치게 많은 새로운 동작을 배우는 것은 좋지 않다. 더구나 이러한 레슨을 한번에 진행할 경우 신체의 반응, 즉 뇌에서 근육까지의 움직임이 원활하지 못할 것이다.

Quick tip
스윙은 물 흐르듯 그리고 위치에서가 아니라 위치를 지나서 스윙하고 있다는 것을 기억하라. 정적인 위치라기보다는 움직임을 깊이 새길 수 있도록 목표를 정할 것. 이것이 익숙해질 때까지 계속 상상하라.

한 번에 한 가지

집에서 연습할 때, 한 가지 새로운 움직임에만 시간을 할애하라. 연습을 끝낸 뒤에는 적어도 6시간 이상 마음으로 그 움직임을 생각하라. 이것은 젤리가 굳어지기를 기다리는 것과 같다. 가능한 한 충분히, 오래 기다려라.

한 번에 한 가지 새로운 자세를 배워라.

한 번에 두 가지를 배운다면 두 가지 모두를 잃을 것이다.

라운드 전에 출발하라

집을 나와서 첫 번째 티에 도착할 때까지의 시간은 중요하다. 얼마나 오랫동안 스스로 준비했느냐가 당신을 만들기 때문이다. 라운드 전에 지켜야 할 규칙과 행동을 만들어라.

나는 매번 티 타임 15분 전에 골프장에 도착하는 골퍼들을 본다. 심지어 클럽의 챔피언십이 있는 날은 1시간이나 일찍 도착하는 경우도 있다. 하지만 이것은 자기 스스로

코스에 가는 도중에 음악을 들어라

음악은 기분을 최상으로 만들어 준다. 즉 마음에 좋은 영향을 주는 요소인 것이다. 중요한 것은 마음 상태를 최상으로 이끌어 줄 수 있는 음악을 들어야 한다는 것이다. 만약 당신이 조용하고 꿈꾸는 듯한 마음 상태에서 최고의 플레이를 한다면 조금 부드러운 음악을 듣고, 힘 있고 공격적인 게임에 강하다면 시끄럽고 신나는 록 음악을 들어라.

잭 니클라우스 Jack Nicklaus
"나는 코스에서 많은 유머를 한다. 또한 같은 노래를 고수하는 경향이 있다. 나는 Moon River에서 66타를 쳤다."

에게 압박감을 느끼게 하고 리듬을 깨는 일이다. 생각을 흐트러지게 하고 스윙을 방해하는 요인이 되기도 한다. 그러니 티 타임에 지나치게 앞선 시간에 도착하지 마라. 당신은 내가 알려주는 15분 비법을 사용하면 된다. 당신이 무엇을 선호하든 매번 이 15분 비법을 유지하면 된다.

작은 동전에 볼을 퍼팅하라

이 연습은 홀 크기에 대한 인식을 바꿔 준다. 퍼팅 감이 좋은 날은 홀이 커다랗게 보이지만 퍼팅 감이 좋지 않은 날은 홀이 매우 작아 보인다. 지면에 놓은 동전은 움푹 들어간 홀에 비하면 아주 작은 타깃이다. 이것은 윈-윈 작용을 한다. 만약 동전에 넣지 못한다 해도 실패한 것은 아니다. 타깃이 얼마나 작은지를 다시 한번 깨달았기 때문이다. 그래서 마음은 그것을 실패라고 생각하지 않는다. 홀에 넣는 것과 넣지 못한 것을 비교하라. 이것은 자신감을 크게 키워 준다.

커피보다는 물을 마셔라

커피에 들어 있는 카페인은 자극제다. 물론 카페인은 당신을 깨어 있게 해 준다. 그러나 라운드 전에는 마시지 말라. 몸은 항상 최고의 의식과 불안한 상태 사이에 있기 때문에 그 이상의 수준으로 바꿀 필요가 없다. 커피나 콜라 같은 음료는 라운드 후반에 기운이 없을 때 짧은 순간 에너지를 줄 수 있다. 그러나 이들 음료는 일정한 스윙과 생각을 어렵게 만든다. 그러므로 커피나 음료 대신 에너지의 흐름을 혼란스럽게 하지 않는 물을 마시는 것이 좋다.

사다리 퍼팅

이것은 연습 퍼팅에서 짧은 순간에 감각을 기억하는 데 매우 중요하다. 적어도 한 번의 사다리 퍼팅 게임을 하라. 5개의 볼을 가지고 20미터에서 첫 번째 볼을 퍼팅하라. 두 번째 볼은 15미터에서, 세 번째 볼은 10미터에서 퍼팅하면 된다. 가깝게 볼을 넣어야 하는 것이 목적이 되었을 때, 이 연습 방법은 당신의 짧은 퍼팅 감각을 향상시킬 것이다.

3개의 클럽으로 스윙하라

이 연습은 부드럽게 스윙하는 것을 도와준다. 그 누구도 빨리 스윙하는 방식으로 3개의 클럽을 스윙할 수는 없다. 이 동작은 근육을 풀어 주고 이완해 준다.

Quick tip

출발하기 전에 일정한 루틴을 유지하는 것은 라운드만큼이나 중요하다. 몸과 마음을 이완시키고 긍정적인 사고를 하라. 당신은 이미 좋은 점수를 만들기 위한 길에 나섰다.

약속 카드를 만들어라

라운드에 앞서 3~4개의 '지켜야 할 사항'을 카드에 적어 두는 습관을 갖는 것이 좋다. 이들 사항은 라운딩을 하면서 18홀 동안 지켜야 할 심리적인 약속이다. 여기에는 게임에서 어려운 부분들이 포함시켜야 한다. 심리적 상태가 들쑥날쑥할 때는 '현재에 머물러라.', 긴장했을 때는 '복부로부터 깊은 숨을 10회 내쉬어라.', 내성적이고 풀이 죽어 있는 사람을 위해서는 '지평선 위쪽을 바라보라.' 등이 그것이다. 그리고는 출발하기 전과 돌아온 뒤에 이 메모들을 읽어 보라. 플레이를 끝낸 뒤에 다시 한번 읽어 보고 각각의 사항들을 얼마나 잘 지켰는지 판단하여 10점 만점을 기준으로 점수를 매겨 보라. 그 결과 8점 이하가 나온 사항들은 다음 라운드 시 더욱 노력해야 한다.

심리적 상태의 조절 능력을 키워라

마음 상태가 편안하고 긍정적일 때 최고의 플레이를 할 수 있는 것은 당연하다. 그러나 18홀에는 본인을 불안정하게 할 수 있는 많은 일들이 기다리고 있다. 많은 골퍼들이 갖는 문제점은 자신이 할 수 없는 것을 얻으려고 시도한다는 데 있다. 본인이 조절

조절할 수 없는 요소

날씨

아무리 잘한 퍼팅도 돌풍에 의해 라인 밖으로 비껴 나간다. 이런 상황에 처하면 화가 나는 것이 당연하다. 인간이기 때문이다. 하지만 이와 같은 자연적 요소들은 본인이 조절할 수 있는 것이 아니다.

그래서 이러한 상황에서 주먹을 들거나 불만을 표출하며 에너지를 낭비하는 것은 현명한 선택이 아니다. 그냥 모든 사람들에게 똑같이 어려운 상황이라고 이해하고 인정하면 된다.

볼

골퍼는 볼을 능숙하게 컨트롤할 수 있다고 생각하지만 사실은 그렇지 않다. 단지 그것에 영향을 미칠 뿐이다. 그리고 어떤 골퍼들은 본인보다 더 많은 영향을 끼친다. 아무리 뛰어난 골퍼라 해도 숲 속으로 슬라이스를 낼 수 있는 것이다.

그래서 좋지 않은 샷을 했다면 잠시 휴식을 취하라. 본인을 힘들게 만드는 것은 아무런 의미가 없다. 그런 뒤에 다음 샷에 도전하라.

할 수 없는 무언가가 본인에게 영향을 미치는 무언가를 멈추게 한다는 사실을 아는 순간 당신은 행복해질 것이다. 여기서는 골퍼를 초조하게 하는 것들, 시간 낭비를 할 필요가 없는 것들, 당신이 어떤 것을 할 수 있지 알게 해 주는 것들을 알려 줄 것이다.

상대방

상대방은 최신 퍼팅을 개발하고 그린의 어느 한 곳에서 홀에 퍼팅을 성공시킨다. 이러한 상황에서 많은 골퍼들이 상대방의 운을 질투하거나 인내심을 잃곤 한다. 하지만 이러한 행동은 당신의 스코어가 좋지 않게 만들 뿐 상대방에게 어떤 영향도 미치지 못한다.

그럴 때는 그저 상대방의 플레이를 칭찬하면서 그의 상승세가 끝나기를 간절히 희망하면 된다.

코스

페어웨이 중앙으로 드라이버 샷을 보냈는데, 볼이 깊은 디봇에서 발견되었다. 이러한 상황에서 화가 나지 않는 사람은 없을 것이다. 하지만 길게 생각하라. 이와 같은 불운이 일어나지 않을 것이라고 누가 보장하겠는가?

그러므로 화를 느끼고 내버려두라. 당신은 좋은 샷을 가졌고, 모든 샷에 집중해야 한다. 본인에게 닥친 약간의 불운이 점수를 높이는 가장 좋은 방법이다.

조절할 수 있는 요소

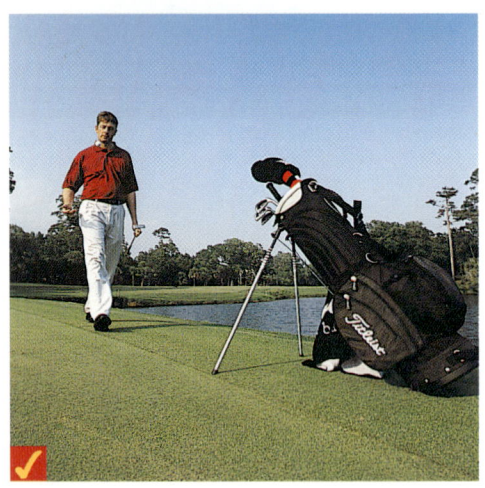

반응

나쁜 샷이나 놓쳐 버린 짧은 퍼팅에 대한 반응은 사람마다 다르다. 가장 가까이에 있는 연못이나 숲 속으로 볼을 세차게 던지기도 한다. 이러한 행위는 다음 티에서 냉철하고 감각적인 스윙에 도움이 되지 않는다.

태도

당신은 쥐나 사자처럼 티 박스로 올라갈 수 있다. 만약 당신이 쥐라는 옵션을 선택한다면 당신은 다른 사람들에게 가능한 한 빨리 모든 것을 얻으려고 시도하려는 인상을 남기게 될 것이다. 좋은 샷을 때릴 수 있는 기회는 당신이 티 박스 위에서 자신감 있게 자신을 표현할 때 훨씬 더 많이 주어진다. 턱을 들어 올리고 기운차고 당당하게 움직여라.

루틴

샷을 하기 전에 루틴을 만들고 유지하는 것은 항상 일정해야 한다. 루틴은 게임에 리듬을 주고, 모든 요인들을 설명하게 하고, 준비되기 전에 볼을 때리는 것을 막아 준다. 이와 같은 것들을 스스로 할 것인지 하지 않을 것인지는 전적으로 본인의 선택에 달려 있다. 모든 최고의 선수들은 그렇게 한다. 당신 또한 그렇게 해야 한다.

저스틴 로즈 Justin Rose

골프 코스 위에 있는 젊은 영국 골퍼를 보라. 모든 샷을 하기 전에 똑같은 프리루틴샷을 수행하고 있다는 것 자체가 얼마나 많은 연습을 했는지를 알려 준다. 저스틴 로즈는 결코 준비되기 전에 플레이하지 않는다. 모든 아마추어들에게 도움이 되는 훌륭한 가르침이다.

Quick tip

당신이 컨트롤할 수 있는 것 이상의 무언가를 컨트롤하려는 시도는 게임을 돕기보다 골퍼 자신을 방해한다. 스스로 조절할 수 있는 무엇인가를 변화하는 데 집중하라.

골퍼의 노력

코스 위에서 볼을 정렬하기 위해 노력하지 않으면 똑바로 쳐서 넣는 것은 쉽지 않다. 항상 100%의 노력을 실행하는 것을 확신했기 때문에 자신의 점수는 낮아지고 골퍼로서 더 많은 존경을 받을 것이다. 이들 모두는 골퍼에게 자신감을 더해 줄 것이다.

게임을 변화시키는 스코어 카드를 멈춰라

손에 스코어 카드를 쥐고 자신의 게임 전체를 변화시키는 골퍼들이 있다. 정상적인 플레이를 하지 않는, 예를 들어 지나치게 공격적이거나 지나치게 안전한 샷을 하려 하거나 다음 샷에 대한 생각보다 전 홀에서의 쓰리 퍼팅에 여전히 마음을 쓰거나 다음 홀에서의 스트로크 수를 걱정하는 것이 그것이다. '내가 지금 어떻게 하고 있는가?'에 대한 고민으로 시간을 소비하고 있는 것이다. 이는 자신감과 감각 부족의 결과다. 이러한 행동은 골퍼 스스로 즐기는 골프를 포기한 것이나 다름없다. 지금부터 소개하는 것은 불안정한 마음을 다루는 방법으로, 골퍼가 지켜야 할 사항들이다.

현재 어떻게 마음을 유지하고 있는가? 첫 번째 그린에서 어떻게 하면 더 자신감을 가질 수 있는가? 그리고 어떻게 하면 스코어에 몰두하는 것을 멈출 수 있는가? 이러한 전략을 플레이로 실행하라. 뒷주머니에 스코어 카드가 있을지라도 편안한 마음으로 골프를 즐겨라.

1 : 자신감을 가져라 – 퍼팅 연습을 하라

대회에 나가기 전에 다른 플레이어들이 퍼팅 연습을 하는 것을 본 적이 있을 것이다. 그러나 그런 식의 연습은 이미 늦었다. 그 방법은 코스 위에서 스트로크를 지나치게 의식하는 결과만 가져올 뿐이다. 자신감과 느낌으로 퍼팅하라.

감각 : 프린지에서 프린지로 퍼팅하라

골퍼가 촉감으로 퍼팅할 때 평형 상태로 홀을 아웃하는 것은 매우 중요하다. 골퍼는 볼을 홀에 떨어뜨리려는 시도에 몰두하고 있을 것이다. 하지만 이보다는 그린 가장자리에 셋업을 한 뒤 6개의 볼을 반대편 가장자리로 퍼트하라. 이 동작은 그린의 속도를 측정해 줄 뿐만 아니라 손에서의 느낌을 얻는 가장 좋은 방법이다.

정확성 : 티를 향해 퍼팅하라

홀에 퍼팅하는 대신 그린 안에 티를 꽂고 티를 향해 퍼팅하라. 만약 티를 때린다면 정확한 퍼팅을 증명해 주는 경쾌한 소리를 들을 수 있을 것이다. 당신이 티를 쳤다면 정확한 퍼팅으로 인한 짜릿한 재미를 느끼게 될 것이다. 만일 그렇지 못했다면 '볼이 홀로 그냥 들어간 거야.'라고 말할 수 있을 것이다. 티에 하는 퍼팅은 첫 번째 그린에 도착했을 때 갑자기 타깃이 크게 보이는 것처럼 홀 크기에 대한 인식을 바꿔 준다. 이것은 모두 마음의 문제다.

잭 니클라우스 Jack Nicklaus

잭 니클라우스는 퍼팅 연습을 어떻게 하느냐는 질문에 "나는 숙녀와 춤을 추고 있다."고 대답했다. 다시 말해서, 지금 스트로크를 연습하기에는 너무 늦었다는 것이다. 느낌과 자신감을 갖는 훈련을 하라.

2 : 올바른 결정을 하기 위해 게임의 등급을 매겨라

조정하라

나쁜 스코어는 나쁜 의사 결정에 기인하고, 나쁜 의사 결정은 경기에 주의를 집중하지 않음으로써 야기된다. 세 번째 티에 도착했을 때 본인 스스로 당신이 얼마나 경기를 잘하고 있는지를 조정하라. 첫 번째 조정은 피해의 최소화를 의미한다. 두 번째는 보통이고, 세 번째는 당신이 느끼는 대로 샷하는 것이다. 그리고 남은 라운드 동안 당신이 원하는 코스 공략에 대한 결정을 하라. 그러나 문제는 많은 선수들이 첫 번째 게임에서 세 번째 게임 때 해야 할 의사 결정을 미리 한다는 것이다.

Quick tip
자신의 스윙이 예술적으로 이루어졌다고 상상함으로서 첫 번째 조정인 손해 제한을 피하라. 백스윙 톱에서의 부드러운 이동과 균형 잡힌 피니시에 주의를 집중하라.

3 : 눈은 깃발 위를 응시하라

아래를 보지 마라

페어웨이를 걸어갈 때 당신의 시선이 머무는 곳에 주의를 집중하라. 지평선 아래를 내려다 보고 있다면 당신은 점수에 대해 걱정하고 있는 것이다. 부정적이고 깊은 내면의 사고를 하고 있을 때는 눈이 아래로 향한다. 놓친 기회나 실수로 인한 근심이 눈으로 나타나는 것이다.

위를 보라

주변 경치를 둘러보고 턱을 들어올려라. 이렇게 하면 마음이 좀 더 편안해진다. 월터 하겐 Walter Hagen은 "길을 따라가며 꽃향기를 느끼는 것을 잊지 마라."는 유명한 말을 했다. 머리를 들어올려라. 이렇게 하면 게임을 즐길 수 있을 것이다.

4 : 현재에 있어라

라운드 중에 마음이 왔다갔다하면서 갈피를 잡지 못하면 좋은 점수가 나올 리 없다. 생각이 과거에 머물러 있으면 화를 불러오고, 미래에 가 있으면 긴장을 가져온다. 타이거 우즈, 안드레 아가시 Ander Agassi와 함께 일했던 토니 로빈스 Tony Robins은 "실패한 사람들은 실패에 대한 심상을 만든다."고 말했다. 중요한 것은 현재에 생각이 머물러야 한다는 것이다. 그 기술은 다음과 같다.

드라이버

드라이브를 셋업하기 전에 신발 바닥을 깨끗이 하라. 이것은 본인으로 하여금 티 박스 지면과 지면 상황을 인식하게 만든다. 그리고 현재 당신의 마음을 의식적으로 전환하라. 본인의 생각이 앞으로의 당신 샷을 결정한다.

페어웨이

페어웨이에서 샷을 하기 전에 클럽 페이스를 깨끗이 하라. 이것은 플레이할 샷을 위한 거리와 당신이 선택했던 클럽에 대한 집중을 의미한다. 클럽 페이스를 깨끗이 하는 것은 자신이 다음 샷을 중요하게 생각하고 있다는 것을 스스로에게 확인시키는 좋은 방법이다.

현재에 집중하라

일어난 일을 변화시킬 수는 없다. 그러나 일어날 일에 대한 걱정이 두려움을 증가시킬 수는 있다. 손에 주어진 일에 집중하라. 그 밖의 모든 일은 마음 밖으로 내쫓아라.

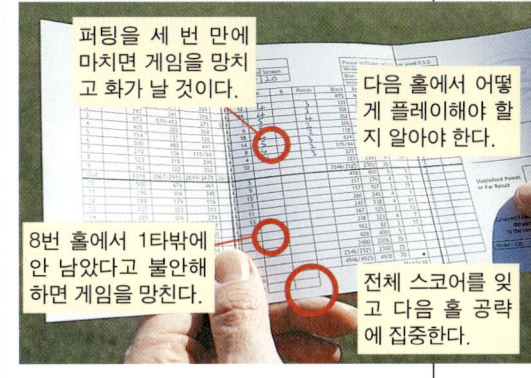

퍼팅을 세 번 만에 마치면 게임을 망치고 화가 날 것이다.

다음 홀에서 어떻게 플레이해야 할지 알아야 한다.

8번 홀에서 1타밖에 안 남았다고 불안해하면 게임을 망친다.

전체 스코어를 잊고 다음 홀 공략에 집중한다.

그린

볼의 로고를 정렬하라. 이것은 볼을 일렬로 치게 하려는 것이 아니라 당신의 마음이 라인에 집중하게 하기 위함이다. 일단 당신의 마음이 라인에 집중하게 되면 샷을 놓치더라도 스코어 때문에 마음이 흔들리고 표류하는 것을 막을 수 있을 것이다.

5 : 행하라

본인 스스로 신경이 예민하다는 생각이 들 때 약간의 역할 연기를 하는 것에 두려워 마라. 차분하고 억제된 프로 선수가 다음 샷을 어떻게 플레이하는지를 생각하면서 짧은 순간을 보내라. 버나드 랭거 Bernhard Langer가 최고의 모델이다.

조니 밀러 Johnny Miller

1994년, 미국인 조니 밀러는 AT&T 프로암 대회에서 역전 우승을 한 뒤 마지막 퍼팅에서 무감각해진다는 것을 인정했다. 나중에서야 그는 자신이 어떻게 홀 컵에 볼을 넣었는지를 설명했다. "조니 밀러는 그 퍼팅을 할 수 없었다. 나는 나 자신에게 '누가 이것을 할 수 있는가?' 라고 물었다. 그때 침착한 퍼터인 나의 아들, 마이클이 나타났다."

초점을 이동시켜 셋업에 대한 긴장을 풀어라

매년 시즌이 시작됨과 동시에 골퍼들은 좋은 플레이를 위한 전략을 짠다. 긴장은 골퍼의 가장 큰 적이다. 그러나 많은 골퍼들이 볼을 쳐다보고 있는 도중에 자신이 긴장하고 있다는 사실을 인식하지 못한다. 골퍼로 하여금 이렇게 긴장을 불러일으키는 원인은 다음과 같다.

먼저 잘못된 방법은 걱정과 긴장을 불러일으킨다. 또 과도한 의식을 하게 만든다. 반

대로 올바른 방법은 근육을 이완시키고 차분하게 하며, 그 샷을 통해 이루고자 하는 것과 타깃에 대한 긍정적인 인식을 심어 준다. 볼에 신경 쓰지 않는 방법을 고민하고, 보아야만 하는 것을 발견하기 위해 노력하라. 주의를 환기시키면 이 과정이 좀 더 쉬워질 것이다. 이렇게 되면 걱정이 사라지는 것을 느낄 수 있다.

주변의 시야를 배워라 – 기관총 훈련을 하라

6개의 볼을 일렬로 늘어놓고 한번에 하나씩 쉬지말고 쳐 보라. 평소 당신의 속도대로 스윙하면 된다. 이 훈련을 해 보면 각각의 볼에 집중하지 않고 루틴에 의해 흘러간다는 것을 알게 될 것이다. 당신은 긴장이 풀리고 말초적인 직감으로 볼을 치고 있을 것이다.

펠레 Pele
브라질의 축구 스타 펠레는 경기를 할 때 전체적인 광경을 본다고 했다. 또한 그는 볼과 함께 달릴 때 자기 주변에 모든 사람들이 그냥 서 있는 것처럼 느낀다고 했다.

이완된 시야로 보기

긴장은 볼을 보는 도중에 골퍼를 방해하는 가장 나쁜 적이다. 긴장된 시야의 완벽한 예시는 컴퓨터 스크린을 응시하는 것이다. 당신의 눈은 당신의 주의가 이끄는 하나의 작은 부분에 날카롭게 집중되어 있을 것이다. 이것은 시야가 긴장되어 있다는 것을 의미한다.

아름다운 광경을 바라보며 휴가를 보내고 있다고 상상하라. 이때 당신의 눈은 어떤 것에도 집중하지 않을 것이다. 그저 풍경을 바라보고 있을 뿐이다. 마음은 편안하고, 감각과 소리, 냄새를 느낄 수 있는데, 이를 가리켜 이른바 '주변적 시야'라고 한다.

긴장된 시야

이완된 시야

긴장

많은 골퍼들이 마치 볼을 돌로 변하게 하려는 듯이 볼을 계속 노려본다. 긴장된 시각으로 볼을 보면 긴장을 풀기가 힘들 뿐만 아니라, 시도하려는 특별한 스윙 동작이나 타깃으로 주의를 옮기기도 힘들다. 실제로 당신은 부드러운 팔로스루 대신 짧고 송곳 같은 스윙을 하게 되는 경우가 많을 것이다. 지나치게 볼에 집중하는 것은 더 큰 그림을 보는 것을 방해한다.

이완

볼에 집중할 필요가 없다는 것을 인식하고 주변과 함께 볼을 보아야 한다. 이렇게 하면 주변 시야가 마음을 차분하게 하고 자기 암시를 멈추게 해 준다는 것을 느낄 수 있을 것이다. 이것은 당신의 스윙 생각을 행동으로 옮겨 놓으며, 타깃을 쉽게 인식하게 도와준다. 특히 당신이 시야를 주변으로 넓혔을 때 타깃을 따라 볼을 스윙하는 것이 훨씬 쉽다는 것을 알게 될 것이다. 그리고 이것은 곧 전체 게임을 향상시킨다.

Quick tip
'볼은 좋은 스윙을 통해 얻어야 한다.' 는 말이 있다. 맞는 말이다. 부드럽고 균형 잡힌 스윙을 만들기 위해 노력하라.

자신의 성격을 알고 이용하라

골프는 성격을 변화시킬 수 있는 힘을 가졌다. 종종 골프장 밖에서는 한 가지 방향만 고수하다가 라운드가 시작되면 완전히 반대로 행동하는 사람들을 보곤 한다. 충동적인 사람들은 신중해지고, 평온한 사람들은 긴장하는 기색이 역력하다. 이러한 변화는 결코 게임에 좋은 영향을 미치지 못한다. 평소 성격대로 플레이했을 때 최고의 스코어를 만들어 낼 수 있다는 말이다. 왜냐하면 자신의 게임의 높고 낮음을 다룰 줄 아는 사람만이 골프장에서 평온함을 유지할 수 있기 때문이다. 당신이 내성적인 성격이든 외향적인 성격이든 그 성격을 그대로 유지하는 것이 중요하다. 최고의 플레이를 위해서는 적절한 마음 상태에 있어야 한다.

> **내성적 또는 외향적?**
>
> 내성적인 사람들은 어떤 일이 생겼을 때 가능하면 내부적으로 그리고 조용히 다루려고 하는 경향이 있다. 반면 외향적인 사람들은 자신의 행동과 생각을 세상과 공유하고 싶어 한다. 당신은 어느 쪽인가? 당신이 지금 막 파티에 도착했다고 상상해 보라. 외향적인 사람은 그 방에 있는 가장 큰 그룹으로 가 그들과 대화하기를 원할 것이다. 반면 내성적인 사람은 혼자 서 있는 사람이나 작은 그룹으로 먼저 접근할 것이다.

1 : 미스 샷에 대한 반응

내성적인 사람

자신의 마음을 위로함으로써 화를 누그러뜨린다. 샷과 거리가 있는 떨어져 있는 무언가에 집중하라(예를 들면 다음 페어웨이에 있는 골퍼나 하늘을 나는 새 등). 당신은 외향적인 사람만큼이나 미스 샷에 대해 불쾌한 기분을 느낄 것이다. 그렇다고 해서 고래고래 소리를 질러야 한다는 것은 아니다. 이것이 당신의 성격이 아닌데 감정을 나타내려고 할 경우 오히려 균형을 잃을 수도 있기 때문이다.

외향적인 사람

앞으로 가서 당신이 그 샷에 진저리가 난다는 것을 표출하라. 높은 톤과 거친 말투로 투덜대거나 클럽을 내던질 필요는 없다. 대신, 그 누구도 투덜대거나 클럽에 자신의 화를 표출하는 행동을 하지는 못하게 하라. 외향적인 사람으로써 당신을 그 화를 밖으로 표출해야만 한다. 그것을 억누르려 하지 마라.

2 : 좋은 샷에 대한 반응

외향적인 사람

만약 좋은 샷을 했다면 그 기분을 밖으로 표현하라. 단, 에티켓에 벗어나지 않도록 말이다. 하늘을 향해 주먹을 날리고, 점프하고, 기쁨의 포효를 해도 된다. 어떤 사람은 좋은 샷이 나왔을 때 노래를 부르거나 춤을 추는 것은 품위 있는 행동이 아니라고 생각한다. 외향적인 사람들은 그런 사람들과 플레이하지 않는 것이 더 낫다. 당신은 당신 고유의 시스템을 벗어나 만족한 프레이에 박수를 보내고 웃고 즐기면 된다.

내성적인 사람

주먹을 살짝 들어올리거나 기쁨을 표현하는 것은 좋은 샷에 대한 기분을 표출하는 좋은 방법이다. 이런 성격의 사람은 내적으로 자신의 감정을 다루기 때문이다. 전 테니스 챔피언 비욘 보그 Bjorn Borg는 맥켄로나 코너스 같은 과거 챔피언을 이겼을 때 기분이 절정에 이른 것과 비슷한 느낌이었다고 표현했다.

3 : 샷과 샷 사이에서의 행동

외향적인 사람

외향적인 사람들은 플레이할 때도 외향적인 사람과 플레이하는 경우가 많다. 이런 사람들은 페어웨이 아래로 걸어가면서도 잡담을 많이 한다. 라운딩하는 동안 보통 3시간에서 그 이상의 시간을 걷게 된다. 그리고 그중에는 분명 자기 혼자만의 시간도 있다. 자신의 감정을 표현하는 것은 중요하다. 만약 그 감정을 일부러 억누른다면 당신은 긴장하게 될 것이다.

내성적인 사람

이런 성격의 사람들은 페어웨이를 혼자 걸어가는 것을 더 편안해한다. 중요한 것은 페어웨이를 걷는 동안에는 게임에 집중하지 말아야 한다는 것이다. 주변을 돌아보며 걸어라. 혼자 걸어가는 것은 다른 사람들에게 비우호적인 것으로 간주되기 때문이다. 게다가 그들은 당신이 18홀 내내 혼자 걷는 것을 원하지 않을 것이다. 주변을 돌아보며 걷되, 자기 자신에게 집중하라.

> **사상가 또는 실행가**
>
> 사상가들은 결정을 내리기 전에 모든 요소들을 고려하고 모든 일에 대해 심사숙고하기를 좋아한다. 반면 행동하는 사람은 충동적이고 본능적으로 행동하는 경향이 있다. 골프에서는 이 두 가지 성격 중에 어떤 것이 좋다고 말할 수 없다. ─ 두 가지 유형의 사람 모두 좋은 플레이를 할 수 있다. ─ 코스에서는 자신의 성격을 그대로 드러내고 유지하는 것이 중요하다. 당신은 어느 쪽인가?
>
> 새 컴퓨터를 사서 가져왔다고 생각해 보자. 생각하는 사람은 안내서를 천천히 읽고 컴퓨터를 켜기 전에 전체적인 시스템이 완벽하게 셋업되었는지를 먼저 확인할 것이다. 반면 행동하는 사람은 상자를 받는 순간 그것을 개봉해서 파워 버튼을 누를 것이다.

1 : 라운드 전

사상가

기분을 좋게 만들고 날씨에 적응하고 자신의 스윙이 어떤 느낌인지를 느끼면서 볼을 치는 데 약간의 시간을 보낸다. 첫 번째 티에 도착해서는 라운드에 대한 준비를 한다. 편안함을 느끼는 일에 몰두하고 성급해질 우려가 있는 일은 하지 말 것.

Quick tip
생각하는 사람 : 성급하게 밀어붙이지 마라. 완벽한 라운드에 필요한 것을 준비하는 데 시간을 할애하라.
실행가 : 라운딩을 항상 일정하게 해야 한다고 스스로를 억압하지 말라. 만일 이것이 자신에게 맞는다면 간단하게 유지하라.

실행가

사상가들은 두 번 정도의 퍼트를 하고 손발을 스트레칭한다. 실행가들은 아마도 첫 번째 티로 직접 향할 것이다. 이것을 준비 부족이라고 느끼지도 않을 것이다. 실행가들은 라운드에 대한 생각으로 지나치게 많은 시간을 보내는 것을 부담스러워한다. 실행가에게는 이러한 고민이 필요하지 않다. 공을 날리는 순간 생각해도 늦지 않다.

2 : 위험에 대한 태도

Quick tip

생각하는 사람 : 샷에 의구심이 들 때 자신의 실수와 잘못된 것에 대해 지나치게 오래 생각한다.
행동하는 사람 : 만약 자신감 있는 유형이라면 자신의 본능을 믿고 위험한 샷을 시도해 본다.

사상가

행운의 샷에 집착하면 할수록 그것을 이루기가 어렵다. 당신의 주의 깊고 규칙적인 어프로치는 기회를 잡는 데 적합하지 않다. 즉, 당신은 어떻게 해도 성공할 수 없는 샷을 하면서 그때마다 불편함을 느낄 것이다. 생각하는 사람의 경우에는 안전한 옵션을 선택하는 것이 현명하다.

실행가

본능적으로 행동하는 골퍼는 위험한 샷을 벗어나기 위한 최고의 기회를 얻을 수 있다. 왜냐하면 그에게는 자신감이 있기 때문이다. 행동하는 사람은 다른 선택을 고려하거나 자기 자신을 의심하지 않기 때문에 나무를 통과하는 깎아 치는 샷도 가능하다.

마이크 위어 Mike Weir
2003년 마스터스 챔피언의 주인공은 생각하는 사람이었다. 마이크 위어는 Augusta 15번 홀에서 연못 앞에 안전하게 보내는 두 번째 샷을 통해 모든 위험에서 벗어났다. 그는 피치샷을 했고 버디를 만들어 냈으며, 플레이오프에서 승리했다.

3 : 샷을 평가하라

사상가

정보를 수집에 강하다. 이런 유형의 사람은 바람의 방향이나 거리, 해저드, 그리고 티의 평평한 부분을 확인할 것이다. 성공적인 샷을 치기 위해 마음 속에 최상의 구조를 만들어 두는 것이다. 더 많은 정보를 가지면 가질수록 더 큰 자신감을 느낄 것이다.

실행가

샷에 대한 추측을 하기도 전에 볼을 침으로써 자신의 본능적인 감각이 최상의 샷을 하게 만들 것이다. 홀을 쳐다보고, 클럽을 잡고, 샷하라. 본능에 이끌릴 때 당신은 최고의 기분을 느끼게 될 것이다.

현재에 머물러라

약 4시간이 소요되는 라운딩에서 볼을 치지 않는 시간은 적어도 3시간은 된다. 이 시간에 당신은 과거와 미래 또는 현재에 집중할 수 있다. 골프 경기에서 과거는 후회나 화를 의미하는 반면 미래는 염려와 걱정을 의미한다. 중요한 것은 당신의 마음이 현재에 머물도록 노력해야 한다는 것이다. 당신은 다음 샷에 대해 어떤 것도 할 수 있다. 확고하게 그 일에 마음을 쓴다면 기회가 올 것이다. 마음을 현재에 머물게 하는 최고의 방법은 감각을 통해서 느끼고 보고 듣는 것이다. 그 방법은 다음과 같다.

1 : 귀를 이용하라

주위에서 들리는 소리에 귀를 기울이는 것은 당신이 현재에 있도록 도울 것이다.

골프 장갑의 접착포를 떼어내라

각각의 샷을 플레이하기 전에 장갑 위의 벨크로 접착포를 천천히 떼어냈다가 다시 붙여 보라. 다음 샷을 위한 음향적 치료의 수단으로 이 소리를 이용하는 것이다. 이 소리는 집중력을 높여 준다. 이 동작을 통해 미래와 과거의 생각을 현재에 확고하게 고정하기 끌어온다는 느낌을 받을 수 있을 것이다.

세 개의 소리를 선택하라

볼을 향해 걸어갈 때 당신의 귀가 세 개의 소리를 선택하게 하라. 그린을 깎는 기계 소리, 날아가는 비행기 소리, 새들이 지저귀는 소리다. 이들 소리는 당신으로 하여금 지나 온 홀이나 앞으로의 홀이 아닌 지금 홀에 고정하게 한다. 만약 마음이 흔들리고 있다면 이들 소리들에 더욱 귀를 기울여라.

2 : 눈을 이용하라

주변 광경에 집중할 때는 후회나 걱정에서 자신을 자유롭게 하여 스스로의 마음을 현재에 이끌도록 하라.

세 개의 광경을 선택하라

세 개의 소리에 귀를 기울이는 것처럼 눈으로는 플레이하고 있는 홀 위에 있는 세 개의 광경을 선택하라. 그 세 가지는 아마도 특징 있는 나무나 페어웨이 마커 faitway marker 또는 워터 해저드 water hazard 등이 될 것이다.

현재 있는 홀에서 무언가를 하나 결정하라. 이것은 당신을 현재에 고정시키고 플레이하고 있는 홀에 집중하게 해 줄 뿐만 아니라 정신적 휴식을 제공한다.

각각의 홀에서 중요한 무언가를 하나 정한 뒤 현재에 집중하라.

❶ 페어웨이 벙커 같은 이상한 모양은 주의를 끈다.
❷ 페어웨이 표시 막대나 깃대의 색깔 또는 높이를 보라.
❸ 페어웨이를 경계하는 나무들을 조사하라. 홀에서 특별한 유형을 선정하라.

Quick tip
볼을 때리지 않는 순간도 샷을 할 때만큼이나 중요하다. 다가올 문제나 실수에 대해 생각하기보다는 현재에 자신의 주의를 집중하기 위해 이것들을 이용하는 것이 중요하다.

명사수가 되어라

샷하기 전 타깃을 바라볼 때 진짜로 타깃을 바라보는지를 확인하라.

광경을 보아라. 그리고 볼을 쳐다볼 때 당신의 마음의 눈으로는 치려고 하는 곳에 집중하라.

집중하라

타깃을 볼 때 마음이 안정되지 않은 상태이면 희미한 그림밖에 형성할 수 없다. 적절하게 상상해 볼 수조차 없을 때 당신이 갖고 있는 타깃을 맞출 가능성은 무엇인가?

잔상의 볼을 보아라

퍼팅 후 잠깐 동안 볼이 있던 위치에 볼의 이미지가 남아 있는 것을 발견하게 것이다. 퍼팅 후에 이와 같은 잔상의 볼을 보는 순간을 가져라. 이것은 퍼팅 실패나 성공으로 인한 혼란과 흥분을 줄여 주는 역할을 한다. 단, 이 훈련을 할 때는 퍼팅한 볼이 들어갔는지 들어가지 않았는지에 지나치게 집착하지 말 것. 집착은 마음이 앞으로 나아가는 것을 방지한다. 이 훈련을 꾸준히 하면 퍼팅을 일정하게 하는 데 도움이 될 것이다.

점을 만들어라

손가락 관절 마디 위쪽 장갑 위에 빨간 점을 만들어라. 그리고 샷을 하기 전에 이 빨간 점에 집중하라. 이 훈련은 당신의 마음은 물론 손으로도 샷을 똑바로 치도록 도와준다.

> **Quick tip**
> 임팩트 후에 잔상의 볼에 집중하게 되면 머리를 움직이지 않을 수 있다. 또한 볼이 라인 위에 있는지를 알아보기 위해 지나치게 빨리 볼이 날아가는 것을 쳐다보는 행동을 막아 주기도 한다. 지나치게 빠른 머리의 움직임은 골퍼를 퍼팅선 밖으로 보낼 수 있다.

3 : 느낌을 활용하라

손과 발은 마음이 앞뒤로 움직이는 것을 멈추게 한다.

걸어라, 퍼팅하라

긴 퍼팅을 할 때는 볼에서 홀까지 걸어가는 순간을 만들어라. 이를 통해 자신의 보폭과 거리감을 알 수 있으며, 퍼팅의 특성으로 연결될 수도 있다.

버나드 랑어 BERNHARD LANGER
전 라이더컵 캡틴인 버나드 랑어야말로 완벽한 예다. 다양한 각도의 퍼팅 라이에서 그는 걸음을 통해 퍼팅 거리를 잰다. 그가 퍼팅에 집중하는 모습을 보는 순간 당신은 그가 과거나 미래에 대해서는 전혀 생각하지 않는다는 것을 알게 될 것이다.

발의 느낌

페어웨이를 향해 걸어갈 때는 발 아래의 지면에 집중하라. 지면의 윤곽과 잔디의 푸르름을 느껴라. 자신이 걷고 있는 곳을 스스로 인식하는 것은 현재에 자신을 머물게 하는 또 다른 방법이다.

머리를 만져라

라운드 중에 어떤 단계에서, 앞으로의 까다로운 드라이버나 홀에 앞서 놓친 퍼팅에 대한 자책과 부담이 당신을 붙잡을 것이다. 그럴 때는 마치 버튼을 누르듯 관자놀이를 가볍게 만져라. 이렇게 하면서 머리를 들어올리고 주위를 둘러보면 걱정이 줄어들 것이다.

퍼팅 감각을 유지하기 위해 루틴을 활용하라

퍼팅에 대해 의식하든 그렇지 않든 많은 골퍼들이 그린 위에 발을 들여놓는 순간 불안함을 느끼기 시작한다. 좋은 퍼팅이 좋은 스코어를 만든다는 것을 누구나 알고 있는 진리다. 긴장과 걱정이 많아질수록 리듬과 느낌이 깨지고 라인을 보는 능력도 감소한다. 이러한 곤경에서 벗어나기 위해서는 일정한 루틴을 가져야 한다. 일련의 행동을 되풀이하는 것은 자신감과 편안함을 가져온다. 당신도 퍼팅 지점에 도달하는 모든 시점에서 일정한 결과를 유지하고 배우기를 원한다.

안정적이고 일정한 퍼팅을 위해서는 다음의 5점 계획을 따르라. 이렇게 하면 당신은 그린 위에서 훨씬 더 냉정해질 수 있고, 더 많은 볼을 홀 컵에 넣을 수 있다.

집중하라

가장자리를 활용하라

그린에 접근할 때 가장자리를 넘어가면서 의식적으로 그곳을 바라본다. 이것은 집중의 시작이자 주의를 모으기 위한 신호다. 자신이 언제, 어떻게 집중하는지, 그리고 언제 집중하지 못하는지 훈련해야 한다. 많은 골퍼들, 특히 투어 프로들이 집중하기 전에 샷을 하거나 샷을 정렬하는 움직임은 정말로 놀랍다.

두 번의 호흡을 하라

퍼팅 라인를 걸어라. 걸으면서 두 번의 심호흡을 하라. 심호흡은 마음을 가라앉혀 주고, 퍼팅 라인이나 커다란 경사에 대한 어려움에서 걱정을 풀어 주며, 초기의 불안감을 완화시키는 데 도움을 준다. 또한 길고 느린 호흡은 서두르지 않고 천천히 하게 도와주기도 한다. 물론 천천히 플레이하는 것이 꼭 좋은 것만은 아니다. 하지만 긴장은 골퍼를 서두르게 하는 경향이 있다. 이러한 상황에서 당신은 당신만의 시간을 가질 필요가 있다.

Quick tip

퍼팅할 라인로 걸어갈 때는 홀 컵 주위의 경사에 특별히 신경 써라. 볼이 가장 천천히 굴러갈 때 이런 경사를 만날 것이다. 볼은 경사에 많은 영향을 받는다.

라인을 연구하라

홀 컵 안으로, 라인을 따라 구르는 볼의 이미지를 확실하게 만들기 위해서는 그린의 속도와 경사를 인식해야 한다. 만약 이것이 자신을 도와줄 것이라 생각한다면 홀 뒤에서 볼까지 연구하라. 홀컵에 이르는 모든 길을 굴러가는 볼의 핀 모양을 볼 수 있을 때까지 꾸준히 상상해야 한다. 이것은 자신이 인식하는 어떤 것이거나 볼이 홀을 향해 굴러감에 따라 희미해지는 퍼팅 라인의 그림이다. 편안한 마음으로 완전한 이미지가 마음속에 형성되게 하라.

자신의 본능을 믿어라

연습 퍼팅이 당신에게 어떤 도움도 주지 않는다고 느껴지는가? 볼에 다가가서 자세를 취한 뒤 볼을 때려라. 연습 퍼팅을 하는 동안 당신의 머리가 기계적인 사고로 가득 차는 경향이 있다면 이 연습은 효과적이다. 당신의 본능이 좀 더 중심적인 역할을 할 수 있을 것이다.

뒤쪽에서

옆에서

뒤쪽에서 연습하라

볼 옆쪽이 아닌 볼 뒤에서 홀컵 라인으로 연습 퍼팅을 하라. 이 훈련이야말로 당신으로 하여금 실질적인 퍼팅 연습을 하게 해 준다. 실제 퍼팅을 할 때처럼 정수리를 축으로 머리가 볼에서 홀컵으로 회전하도록 한다. 왜 볼의 옆쪽에서 퍼팅 연습을 하는지 궁금할 것이다. 이런 상상의 볼부터 홀컵까지의 라인은 해야 할 실제 퍼팅과는 다르다. 볼로 이동할 때는 머리를 회전시키는 길과 목표를 조절하는 데 주의해야 한다.

지금 이완하라

볼을 집어올려라

가장자리를 바라보는 것이 집중 시작의 신호였다면 볼을 집어올리는 것은 집중을 멈추는 신호다. 이 행동은 라운드 초반이나 지난 홀에서 의기소침했던 것을 회복시킬 것이다.

당신은 행운아가 될 수 있다

다음의 예를 주목하라. 도로 위에 지폐를 놓아두고는 일반적으로 자신을 행운아라고 생각하는 사람 다섯 명을 아래로 내려가 도로 위를 지나가게 했다. 다섯 사람 모두 지폐를 발견했고, 그것을 집어 들었다. 이번에는 자신을 불운아라고 느끼는 다섯 명을 상대로 똑같을 실험을 했다. 결과는 어찌 되었을까? 그들 중 어느 누구도 도로 위의 지폐를 발견하지 못했다.

이 테스트는 행운에 대한 태도가 자기 자신이 만족하는 결과를 가져올 수도 있고 그렇지 않을 수도 있다는 것을 입증하는 예다. 일반적으로 자기 자신이 불운하다고 생각하는 사람들은 불운을 끌어들인다. 비슷한 맥락에서 자기 자신이 행운아라고 생각하는 골퍼는 좋은 결과를 갖는 경향이 있다. 이제부터는 당신 스스로 '나는 운이 좋은 선수다.' 라고 생각하라. 당신을 웃을 수 있게 만드는 효과적인 방법들이 여기에 있다.

…에 대한 당신의 태도를 체크하라
첫 번째 티, 마지막 그린

행운 전술

골프 장비에 '행운 Lucky' 이라는 라벨을 붙여 두라. 티샷에 중요한 그 클럽은 에너지를 북돋워 줄 것이다.

또한 행운의 마커를 사용하면 중요한 퍼트를 홀에 집어넣을 수 있다는 자신감이 생긴다.

행운? 지나치게 오른쪽!

첫 번째 티에서 상대편과 악수를 한다. 상대는 당신에게 행운을 빌어 준다. 당신은 고맙다는 말로 답한다. 당신은 지금 세상 모든 행운을 가진 행복한 사람이다. 나무를 맞고 튀어나오고, 연못에서 튀어나오고, 아웃 오브 바운스 out of bounds로부터 되돌아온다. 골프의 신이 당신에게 주는 모든 것이 고맙다.

그리고 다시 악수를 할 때, 이것을 18번 홀에서의 자신의 태도와 비교하라. 당신은 한 홀 차이로 승리했고, 상대는 당신에게 행운이 따랐다고 말한다. 그 말에 당신은 화가 난다. 어떻게 감히 그렇게 말할 수 있는가?

좋은 플레이를 했기 때문에 승리한 것이다. 그래서 당신은 운이 좋았다는 말에 반박한다. 운 좋은 골퍼로서 자기 자신 안에 믿음을 만들기 위해서는 그 말을 받아들여라. 그것은 상대를 화나게 할 수 있는 요인인 동시에 당신의 자신감을 키울 수 있는 요인이다.

…에 대한 당신의 태도를 체크하라
볼 찾기

Quick tip

게리 플레이어 Gary Player가 인용한 "연습하면 할수록 나는 더 행운아가 된다."는 말을 기억하라. 행운을 얻기 위해서는 전술을 적극 활용하고 반드시 스윙 연습을 하라.

믿어라

행운은 러프 rough나 나무 사이에서 볼을 찾을 때 온다. 도로 위의 지폐를 줍는 실험에서도 알 수 있듯이 자신이 불운하다고 느끼는 사람은 행운아라고 느끼는 사람에 비해 볼을 찾는 데 어려움을 느낄 것이다. 자신을 불운아라고 생각하는 사람은 '볼을 찾을 기회는 없다. 나에게는 항상 이런 일이 일어난다.' 라는 생각으로 볼을 찾는다. 이것은 주의를 분산시켜 볼을 찾을 수 있는 기회를 줄어들게 한다.

기대하라

스스로 운이 좋다고 느끼는 사람은 볼을 찾을 것이라는 기대도 강하다. 이러한 믿음이 골퍼로 하여금 더 오픈된 마음을 갖게 만들고, 그 결과 볼을 발견하기가 더 쉬워진다.

…에 대한 당신의 태도를 체크하라
좋은 라이를 발견하는 것

이것은 평범한 것이 아니다

라운드하는 동안 당신은 나쁜 샷을 칠 수 있다. 그러나 좋은 라이가 뒤따른다.

행운 전술

대부분의 골퍼들은 운이 없어 나쁜 점수를 기록했다고 생각한다. 그러한 태도는 불평하는 나쁜 운을 끌어들여 다음 라운드에 영향을 미친다. 이런 함정에 빠지지 마라. 모든 라운드를 다시 훑어보고 운명이 당신에게 미소지었던 3가지 순간만 기억하라. 자신의 점수판에 무슨 일이 일어났는지 마크하라. 이것은 자신이 행운의 플레이어이며 행운의 소유자임을 인식하게 할 것이다.

…에 대한 당신의 태도를 체크하라
좋은 브레이크

4번째 그린에서 버디를 위해 9미터 퍼팅한다. 그런데 지나치게 강하게 쳤다. 하지만 볼은 홀컵을 때리고는 공중으로 점프한 뒤 홀컵으로 떨어졌다. 스스로 운이 좋다고 느끼는 골퍼는 이러한 상황에서도 마치 그것을 기대한 것처럼 행동할 것이다. 그의 신체 언어는 '나는 운이 좋은 사람이고, 나에게는 이런 일이 종종 일어난다.'고 말한다. 이것을 자신의 반응으로 만들어라.

반대로 자신이 불운하다고 생각하는 골퍼는 하늘을 바라보거나 손으로 얼굴을 가릴 것이다. '나는 불운하고, 이런 일은 나에게 일어나지 않을 것이고, 이런 일은 이번 한 번뿐일 것'이라고 말할 것이다.

감정을 조절하라

투어 프로들은 압박을 받는다. '냉담하다, 평범하다, 지겹다, 신중하다' 등 여러 가지 특징으로 불리기 때문이다. 좋은 플레이를 하기 위해서는 자신의 행동을 완전히 제어할 필요가 있다. '자기 통제'야말로 골프가 위대한 도전이 되게 하는 요소다. 예를 들어 당신이 1분간 격렬하게 분노한 뒤에 기쁨을 느끼는 사람이라면 최고가 될 수 없다. 코스에서 감정을 조절하기 위한 쉬운 방법들이 있다. 이러한 방법들은 당신을 로봇으로 바꾸지 않을 것이다. 오히려 당신이 4시간 동안 18홀을 라운딩을 하는 데 가장 중요한 필수품인 평정심을 유지하게 하는 데 도움을 준다.

1 : 즐거움
어떻게 굿샷을 익히는가?

좋은 샷을 때렸을 때는 몸이 어떻게 그것을 했는지를 기억해 두는 것이 중요하다. 날아가는 볼을 보면서 그 움직임에 주목하는 것은 샷을 일정하게 고정시키는 좋은 방법이다. 이 연습은 샷을 특별하게 만들고, 근육이 기억하게끔 돕는다. 이를 위해 프로들이 이용하는 두 가지 방법은 다음과 같다.

땅을 발로 가볍게 차라
볼이 날아갈 때, 발가락 끝으로 잔디를 부드럽게 두드려라. 툭툭 치는 것은 자신의 기억에게 말한다. "나는 이와 같은 샷을 할 것이고, 저장해 둘 것이다."

타이거 우즈에 의한 기술
타이거 우즈가 페어웨이에 드라이버 샷을 안착시켰을 때 그의 뒷발이 잔디를 톡톡 두드리는 것을 본 적이 있을 것이다. 그는 근육에게 이야기하고 있다.
"이걸 기억해 둬. 효과가 좋았어."

손 안에서 클럽을 회전시켜라
볼이 핀에 날아가는 것을 보면서 손가락과 함께 그립을 회전하라.

2 : 좌절
어떻게 좌절을 분출하는가

라운드에서의 좌절은 골퍼를 성급하게 만들고 의사 결정에 영향을 미친다. 라운드 과정에서 좌절을 분출하는 것은 중요하다. 그렇지 않으면 마음속에 좌절이 쌓일 것이고, 이는 결국 골퍼를 상처나게 하는 일이기 때문이다.

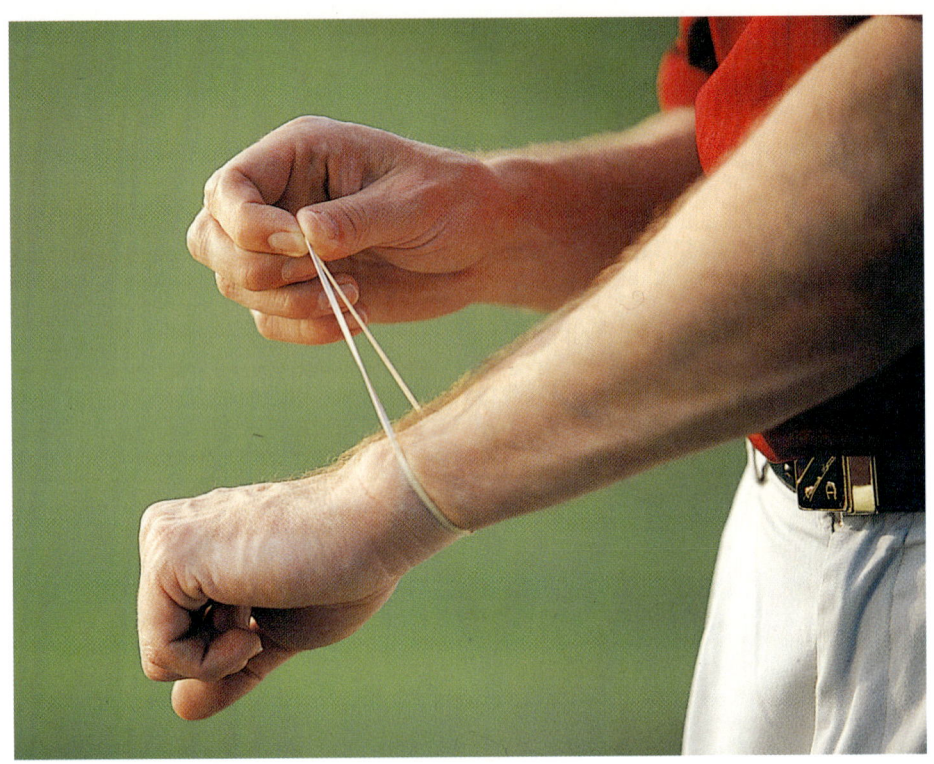

탄력 밴드를 핑하게 때려라

탄력 밴드를 끼울 때는 지나치게 팽팽하지 않게 하라. 당신은 손이 파랗게 되는 것을 원치 않을 것이다. 라운딩 과정에서 좌절감이 점점 늘어날 때는 밴드를 잡아당겼다가 놓음으로써 밴드가 손목을 찰싹 때리게 하라. 이 동작은 당신이 받고 있는 어떤 압력과 좌절감에 대한 분출을 의미한다.

'릴리스 relelse' 라고 말하라

어떤 단어를 입 밖으로 낸다는 것은 좌절감을 씻어 내는 데 도움을 준다. 화가 날 때 자신의 표현을 선택하라. 이것은 '쉬운 것' 또는 '내버려두는 것' 일 수 있다.

'삭제 delete' 를 눌러라

당신의 머리가 컴퓨터 키보드처럼 삭제 버튼을 가지고 있다고 상상하라. 삭제 버튼을 누르는 것은 머리에 쌓여 있는 모든 좌절감을 없애기 위한 치료다.

3 : 화
이것을 어떻게 내보내는가

좋은 스코어가 났다면 상관이 없지만 스코어가 좋지 않을 경우 화가 났다는 것은 조절 능력의 상실을 의미한다. 자신이 하고 있는 무언가에 주의를 기울이지 않는 이상 누구도 좋은 골프를 할 수 없다는 것을 기억하며 마음을 이완하라.

Quick tip
화가 당신을 조절하기 전에 당신이 먼저 화를 조절하라. 모든 샷을 하면서 즐기고, 마음을 이완할 때 최상의 플레이를 할 수 있을 것이다.

7초 동안 피니시하라

대부분은 골퍼들은 샷을 하고 난 뒤에 화를 표출한다. 이제부터는 '1부터 7을 셀 때까지 팔로스루 자세를 유지한다.' 는 법칙을 만들어라. 이 연습은 당신이 클럽을 던지거나 잔디에 클럽을 내리치는 행동을 방지한다. 볼에 눈을 유지하도록 하는 연습이기도 하다. 7을 세기 전까지는 샷을 평가하려는 시도조차 하지 마라. 그때까지 실수를 가지고 화를 내기보다는 당신이 잘못 때린 것으로부터 무언가를 배울 수 있다는 마음을 갖는 것이 중요하다.

조절된 분출 release

화를 내는 것은 본인에게 도움이 되기보다 좋지 않은 영향을 더 많이 끼친다. 본인 자신을 향해 나아가는 것은 본인이 느끼는 노여움을 분출하는 데 도움이 된다. 스스로에게 약간의 화를 분출하는 영역에 본인 자신을 세워라. 자신 앞이나 10야드에 피치마크 또는 디봇을 선정하면 된다. 이 지점은 당신의 화가 미치는 영역의 끝을 의미한다. 일단 그 라인을 지나간 뒤에는 그 안에 화를 남겨놓아야 한다고 스스로에게 말하라.

4 : 두려움

어떻게 쉽게 심호흡을 하는가?

두려움은 당신이 두려워하는 나쁜 샷을 칠 기회를 최대화할 뿐만 아니라 긴장하게 만든다. 이완하는 데 도움이 되는 다음의 방법들을 참고하라.

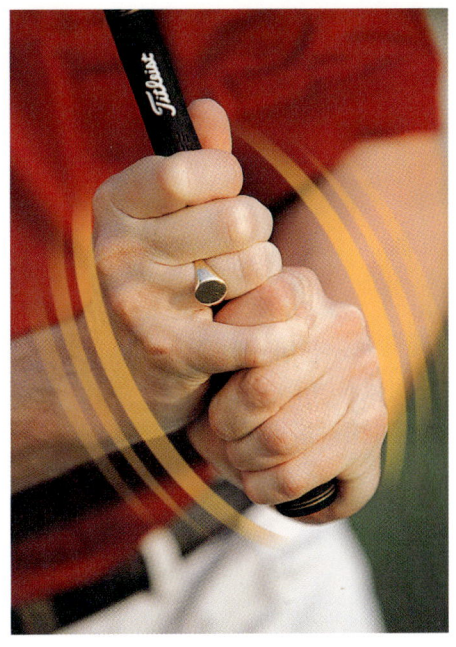

심호흡을 하라

침착함을 유지하기 위해 심호흡만큼 중요한 것은 없다. 이것은 실제로 작용하고, 압력에서 벗어나게 하는 데 도움을 준다. 두려움은 골퍼로 하여금 작고 얕은 호흡을 자주 하게 만든다. 하지만 심호흡은 몸속에 더 많은 산소를 보내고 마음을 가라앉혀 주며 마음을 침착하게 한다.

스펀지를 꽉 짜라

골프 그립을, 한 방울의 물도 더 짜내려고 시도하고 있는 스펀지라고 생각하라. 일단 모든 물을 짜 냈다면 당신은 손은 자연스럽게 이완되고 샷을 할 준비가 될 것이다. 이것은 이완되는 동안에 당신 자신에게 '쉬~'라고 말하는 것을 도울 수 있다.

모방하라

타이거 우즈처럼 7번 아이언 샷을 시도하고 있다고 상상하라. 평상시 스윙과 어떻게 다른가? 볼을 지나 더 힘차고, 다리는 더 안정되며 스윙은 더 부드럽다고 느껴지지 않는가? 확실한 것은, 더 좋다고 느꼈다는 것이다. 당신은 그들의 태도와 기술을 모방할 수 있다. 카멜레온 같은 골퍼가 되어라.

중요한 퍼팅

호세 마리아 올라자발 Jose Maria Olazabal을 모방하라

중요한 퍼트를 평가할 때는 자신감 있게 스트로크를 하고 홀 아웃하는 자신을 보라.

얼마나 중요한 퍼트인지는 문제되지 않는다. 올리는 당신이 홀에 넣으려고 하는 느낌을 준다. 그는 매우 긍정적이고 신중하며, 서두르지 않고, 어떤 망설임도 없다. 매우 자신감 있고 침착하게 보인다. 올리처럼 신체 언어가 의도적이게 하라. 연습 스트로크를 세 보라. 시간을 가져라. 당신도 그렇게 할 수 있으니 그 도전을 즐기라고 스스로에게 말하라. 무엇보다도 간결하고 긍정적인 스트로크를 하라.

올리의 전형적인 자세—이완되고, 긍정적이고, 의도적이다. 이러한 속성을 당신의 스트로크로 만들어라.

리커버리 샷 recovery shot
세베 바예스테로스 Seve Ballesteros를 모방하라

세베의 긍정적인 신체 언어는 자신이 벗어나는 경로를 볼 수 있게 하고 도전할 수 있게 한다.

어떤 방법을 통해 리커버리 샷을 최상으로 다루는지를 보라.

그가 어려움에서 벗어나는 과정을 보는 것은 영광이었다. 어려움 속에서도 그의 어깨는 결코 떨어지지 않았다. 그는 최고의 리커버리 샷을 만드는 것을 개인적 도전으로 여겼다. 최고의 샷을 위해 이런저런 노력을 할 때 그는 힘이 넘치는 신체 언어로 바꾸었다.

유사한 에너지를 당신의 리커버리 전략으로 만들어라. 긍정적이고 힘이 넘치는 신체 언어는 성공적인 샷에 대한 믿음을 주고 기회를 가져다 준다.

벙커 샷 bunker shot
어니 엘스 Ernie Els를 모방하라

서두르지 않는 어니 엘스의 벙커 기술은 그를 완벽한 벙커샷 모델로 만들었다.

어니의 벙커 플레이를 볼 때 당신은 클럽이 볼 뒤쪽 모래를 튀김에 따라 느린 움직임을 보게 될 것이다. 전체적으로는 부드럽고 편안하며 긴장과는 관계가 먼, 많은 아마추어들이 샌드에서 선택하는 신체 언어이다. 만약 당신이 샌드에서 신경이 예민해지는 스타일이라면 어니 엘스처럼 샌드샷을 하라. 스윙은 길게 하되 서두르지 마라. 볼을 밖으로 쳐내는 동안 얼마나 부드럽게 스윙할 수 있는지를 실험하라. 볼 앞에서 침착하다는 것은 보기 흉하고 쓸데없는 힘이 들어가는 샷을 피하게 해 준다.

무조건 그린에 쳐라

타이거 우즈를 모방하라

타이거 우즈의 아이언 플레이는 최고다. 그는 짧고 간결한 스윙을 한다. 그가 볼을 공격적으로 치는 것처럼 보여도 그는 항상 통제하고 있는 것이다. 그는 스윙을 지나 완벽한 균형을 유지하고, 볼이 땅에 닿을 때까지 팔로스루를 유지하면서 샷에 완벽하게 전념한다.

그린에 쳐야 할 때 타이거 우즈의 스윙을 떠올려라. 3번의 연습 스윙과 함께 이것을 되풀이하라. 스윙은 짧고 힘차며 다루기 쉽게 유지하고, 체중은 균형이 잡히게 하라. 핀 뒤쪽에 볼을 보내기 위해 한 클럽 길게 잡아라. 볼이 그린을 놓쳤더라도 볼이 지면에 닿을 때까지 볼을 쳐다보라.

간결하고 제어되고 균형 잡힌 백스윙 회전을 만드는 데 도움이 되도록 이런 이미지를 이용하라.

위기에 처했을 때
버나드 랑어 Bernhard Langer 를 모방하라

버나드 랑어는 위기 상황에 대처하는 데 있어 최고다. 침착하기 때문에 중대한 순간에도 올바른 결정을 내리고, 그 덕분에 손해를 최소화한다. 곤경에 처했을 때는 버나드가 되어라. 돌처럼 무표정하게, 움직임은 천천히, 그리고 마음은 노여움과 분노에서 벗어나라. 위기에서 벗어날 수 있는 최고의 방법을 선택하기 위한 랭거의 신중하고 주의 깊은 비법을 모방하라.

마음속 미신들

만약 마음속에 골프 기술에 관한 잘못된 정보를 담고 있다면 태도에서도 드러난다. 이것은 당신에게 해로운 요소로 작용한다. 코스에서 어떤 감각과 행동은 사실 그것이 우리에게 마지막으로 필요한 것일 때 다소 필연적이다. 게다가 마지막 부분은 우리가 간과할 수 있는 약간의 일반적인 실수들을 수반한다. 이런 가르침을 배워라. 이렇게 하면 당신은 다른 마음으로 다음 라운드에 접근할 수 있을 것이다. 최상의 플레이를 준비하는 것도 중요하지만 게임을 즐길 준비를 하는 것은 더욱 중요하다.

마음의 미신 1
경쟁은 진지하게

한 달에 한 번이나 매 달 또는 경쟁자가 있을 때 벌어지는 광경이다. 당신도 혹시 스코어에 지나치게 몰두한 나머지, 그리고 동료에게 아무 말도 하지 않은 채 혼자서 이렇게 그린 밖으로 걸어 나오지는 않는가? 손에 스코어 카드를 들자마자 자신이 마치 최고인 양 행동하는 것, 이것은 골프의 불문율이다.

즐겁게 하라

만약 웃으면서 그린 밖으로 걸어나올 수 있다면 얼마나 기분이 좋겠는가. 당신이 정말로 홀을 즐길 수 있으며, 나쁜 것은 모두 버렸다는 의미일 테니 말이다. 라운드를 진지하게 도는 것과 웃는 것은 동시에 가능하다. 즐기는 동안 당신은 최고의 플레이를 할 수 있다.

마음의 미신 2
라운드는 4시간 동안의 집중이다

골프는 어려운 게임이다. 그러나 첫 번째 티를 떠나는 순간 깊은 생각에 잠긴다면 얻을 수 있는 것은 아무것도 없다. 6번째 그린에 도달할 즈음이 되면 힘이 빠지는 것은 물론 스윙에 대한 지나친 걱정에 휩싸여 있을 것이다. 이것은 당신에게 전혀 도움이 되지 못한다.

집중력을 적절히 분배하라

집중력이 지나치게 강한 사람이 있을 것이다. 이런 경우에는 필요할 때에 집중하고 필요치 않을 때 이완하는 기술을 배워야 한다. 물병의 물을 가지고 집중력 훈련을 해 보라. 집중하는 동안에는 물병의 물을 똑똑 떨어뜨리고 이완하는 동안에는 물병을 세운다. 할 일은 그 물이 전체 라운드를 지속하게 만드는 것이다.

샷에 집중하라.

휴식을 취하라

그린 위에 있는 볼을 향해 걸어갈 때는 몸과 마음을 이완하라. 앞으로의 샷에 대해서는 잊고 여유로운 마음으로 주위를 둘러보라. 이렇게 하면 볼이 있는 곳에 도착했을 때 확실히 더 집중할 수 있다. 뇌에 잠깐의 휴식을 주었기 때문에 가능한 것이다.

주위를 바라보라.

마음의 미신 3
당신이 느끼는 무엇은 당신이 하고자 하는 무엇이다

누군가가 당신에게 당신의 백스윙은 얼마나 되냐고 물어본다면 당신은 마음속에 확실히 백스윙 이미지를 가지고 있다고 말할 것이다. 그러나 그런 이미지는 잘못된 것이다. 당신이 구축한 운동량 때문에 당신의 백스윙은 당신이 생각하는 것처럼 이루어지지 않기 때문이다. 게다가 그것은 조절의 상실과 과도한 스윙을 유발하기도 한다.

여기서 브레이크를…   여기서 멈춰라.

자동차 브레이크 거리로 생각하라

당신이 고속도로를 달리다가 시속 60킬로로 브레이크를 걸었다면 멈추기 위해서 약 7.3킬로미터의 힘이 필요하다. 이것은 백스윙과 같다. 즉 백스윙이 끝나기 전에 멈추어야 한다는 것이다. 이렇게 하면 백스윙이 조금 짧게 느껴지더라도 조절되고 완전한 회전을 만들 수 있다.

마음의 미신 4
해저드를 무시하라

아래의 상황을 잘 보라. 핀 양쪽에 나무와 샌드가 있다. 이 경우 당신이 들을 수 있는 가장 일반적인 조언은 마음속으로 해저드를 생각하지 말고 당신의 타깃에 집중하라는 것일 것이다. 그러나 실제로는 쉽지 않다는 것이 문제다. 당신 스스로에게 모두 무시하라고 말하면서 해저드에 대한 걱정을 끝내라.

타깃 틀에 해저드를 이용하라

어째서 당신은 당신의 타깃을 특징지우기 위해 벙커와 나무를 이용하지 않는가? 어둠 속에서 조종사를 안내하는 활주로의 전등처럼 핀에 대한 당신의 경로를 구성하는 안내자로 벙커와 나무를 이용하라. 벙커와 나무는 당신이 볼 위에 서 있을 때 타깃에 대한 분명한 이미지를 줄 것이다.

지은이 소개

아드리안 프라이어 Adrian Fryer

영국 잉글랜드 북서부 지역의 맨체스터 시 중심 지역인 그레이터 맨체스터 Greater Manchester에 있는 Worsley Golf Club에서 성장하면서 자연스럽게 골프에 매료되었다. 1984년, 22세에 horley 클럽 in Lancashire에서 클럽 프로에 임명되었다. 상당히 촉망받는 선수였지만 지도자로서의 뛰어난 능력과 기술을 바탕으로 코치로서의 역할에 집중했다. 최신 트레이닝 방법의 연구가답게 자신만의 독특한 코칭 기술을 개발하고, 철저한 비디오 분석을 통해 스윙 기술의 역학을 탐구했다. 《골프 월드 Golf World》《투데이스 골퍼 Today's Golfer》를 비롯한 《팀 티지 Team TG》《골프 닥터 Golf Doctor》《런 투 플레이 골프 Learn to play Golf》 등에 그의 글이 실리고 있다. 또한 그는 다양한 골프 보조 용품을 디자인하여 특허를 내기도 했다. 그중 하나가 숏 게임에 혁신적인 트레이닝 도구인 '스윙매틱 Swingmatic'이다. 현재 유럽의 최고 코치 가운데 한 명으로서 정상급 골퍼들과 함께 할 뿐만 아니라 수많은 일반 골퍼들의 게임을 향상시키는 데 도움을 주고 있다.

칼 모리스 Karl Morris

유럽 최고의 스포츠 심리학자 가운데 한 명으로, 스포츠뿐만 아니라 비즈니스 업계에서도 유명하다. 신경언어 프로그램에 대한 깊은 지식을 실용적이고 효과적인 조언으로 전환하는 그의 뛰어난 능력은 대런 클라크 Darren Clarke, 폴 맥긴리 Paul McGinley, 이안 우스남 Ian Woosnam, 칼 쉬와츨 Charl Schwartzel, 폴 에일스 Paul Eales, 시몬 다이슨 Simon Dyson, 그레엄 맥도웰 Graeme McDowell, 알리슨 니콜라스 Alison Nicholas, 트리시 존슨 Trish Johnson 등의 최고 선수들을 자신의 서비스 리스트에 올려놓았다.

현재 영국여자골프협회의 골프 심리학자로 일하고 있으며, 정신적 기술 트레이닝 프로그램의 이상적인 수행 프로젝트에 대한 글을 쓰며 영국과 유럽의 PGA의 상담자로 봉사하고 있으며, 전 세계를 다니며 세미나를 하고 있는 PGA 프로다.

지은 책으로 《골프 마인드 Golf Mind》(이안 우스남과 공저), 《골프, 마인드 팩터 Golf, The mind Factor》(대런 클라크와 공저), 《마스터 스트로크 Masterstroke》가 있다.

옮긴이 소개

이정철 Lee Jung Cheol

여주대학 골프경영과 학과장/교수
한국골프학회 이사
대한골프협회 핸디캡분과위원

한양대학교 생활체육과학대학 대학원 박사 과정 수료
미국 Professional Golfer's Career College 졸업

감수자 소개

김재환 프로 Kim Jae Whan

(주)싸이프레스매니지먼트 대표이사
단국대학교 경영대학원 스포츠경영과 교수
세종대학교 관광경영대학원 골프최고위과정 교수
동국대학교 사회체육과 골프 교수
서울문화예술대학교 사회체육과 외래 교수
미국골프지도자협회 마스터 프로
미국골프협회 정회원
한국골프피팅협회 이사
생활체육골프지도자협회 1급 지도자
정교사 2급

저서 : 《프로골퍼 김재환의 골프 가이드》,《프로골퍼 김재환의 필드 정복 프로젝트》,《골프 경기 실습1》,《쇼트 게임 및 퍼팅》,《골프 경기 실습2》,《코스 공략법2》
역서 : 《완벽한 퍼팅 만들기》,《프로처럼 쳐라》,《스윙 바이블》
논문 : 〈적정 요약 결과 지식이 골프 피칭 과제에 미치는 영향〉, 〈골프 참가자의 가족 여가 경험〉